EMILIO,

ou

LES VEILLÉES DE MON PÈRE.

Le voila mon odieux ennemi!

ÉMILIO,

OU

LES VEILLÉES DE MON PÈRE,

Par M. DUCRAY-DUMINIL;

Contenant les mémoires d'un des personnages des *Soirées de la Chaumière*, ouvrage du même auteur.

Je fus élevé par le vertueux Palamène ; je veux adopter le même plan d'éducation pour mes chers enfans.

TOME SECOND.

A PARIS,

Chez BELIN, Libraire, quai des Augustins, n°. 55.

1811.

EMILIO,

ou

LES VEILLÉES DE MON PÈRE.

TROISIÈME PARTIE.

SOMMAIRE.

Emilio est maître de quartier dans un pensionnat de garçons. Il y fait de belles connaissances qui vont le mener à des postes plus importans.

DIXIÈME VEILLÉE.

LA DUPLICITÉ.

Suite de l'histoire du père Sylvani, ou le Moine noir.

LA bonne famille Desbois n'avait perdu de vue Emilio que depuis deux jours, et cette courte absence n'avait pas moins répandu dans la maison un nuage de tristesse que son retour dissipa bien vite. Le jeune Laurent surtout s'attachait beaucoup à cet ami, de son âge, et d'une moralité qui le charmait ; car Laurent, depuis sa perte au jeu, était très-rangé et faisait le bonheur de son père et de sa mère. Après le dîner, qui fut très-gai, madame Desbois et son fils prièrent Emilio de leur lire la suite *du Moine noir*, et notre Emilio satisfit leur curiosité en ces termes :

« Bientôt un des agens du père Sylvani, qui doit s'informer de l'asile qu'habite son ennemi Prinville, demande à parler en secret à ce moine vindicatif. Lély, c'est le nom de cet agent, lui dit que toutes ses démarches ont été vaines ; que dans la ville, dans les faubourgs, ni même aux environs, personne ne connaît le nom de Prinville, encore moins celui qui le porte. Il faut que ce particulier en ait imposé en disant qu'il demeurait près du couvent, ou qu'il ait changé de nom. Ce dernier soupçon paraît plus vraisemblable au père Sylvani. Prinville, redoutant les recherches, ou désirant voiler à jamais ses crimes odieux sous un nom supposé, aura quitté le sien ; mais, dans ce cas, où le trouver ? comment le découvrir ?

Le moine noir est furieux ; il veut chercher lui-même. Il court à son tour ; mais ses démarches sont infructueuses comme celles de Lély. Un jour qu'il rentrait au couvent, après avoir fait encore d'inutiles perquisitions, le portier lui dit que le particulier qui s'était confessé le jour où le révérend père s'était trouvé si mal, venait de demander de ses nouvelles. Quand je lui ai dit, ajouta le portier, que le révérend père Sylvani ne se ressentait plus du tout de cette indisposition, il m'a quitté, en paraissant très-content de votre prompt rétablissement. — Malheureux ! s'écria le père Sylvani, par un mouvement involontaire, il fallait lui demander son nom, son adresse ! — Eh, pourquoi, mon père ? — Pourquoi ?.... (*Il se remet.*) N'est-il pas honnête que je lui rende une visite à mon tour pour l'intérêt qu'il me témoigne ? et j'ignore où il loge....—Oh ! qu'à cela ne tienne, mon révérend ; vous pouvez lui demander vous-même son adresse ; car il est entré dans l'église, où je le crois encore à entendre la messe du révérend père Paolo.

Sylvani, ravi de pouvoir enfin découvrir son ennemi, vole à l'église, regarde, cherche parmi les fidèles et ne l'y trouve point. Il croit que le portier lui a fait un conte; mais le père sacristain l'aperçoit, et lui fait signe de passer à la sacristie. Que voulez-vous, père Julio? — Père Sylvani, c'est un billet que j'ai à vous remettre, et qu'un particulier vient d'écrire ici tout à l'heure au crayon.

— Un particulier brun, petit? — Petit, brun; c'est cela même. — Donnez, donnez. Il n'est point cacheté ! — Me croyez-vous assez indiscret?... — Voyons.

Sylvani lit: *Votre indisposition, mon père, m'empêcha, l'autre soir, de terminer ma confession; vous ne m'avez point donné l'absolution, et vous savez si je dois la désirer d'après ce que je vous ai confié.... Daignez m'attendre ce soir, dans votre église, au tribunal de la pénitence ; vous y verrez le pécheur le plus grand, mais le plus repentant.* PRINVILLE.

Je le tiens, se dit intérieurement le moine noir, en laissant errer un sourire forcé sur ses lèvres livides. Je l'attendrai; mais il ne me verra pas; je ne veux pas l'habituer à mes traits, que j'ai besoin de lui cacher jusqu'à ce que je me sois vengé.... Un prétexte m'en débarrassera, et je le ferai suivre jusqu'à sa demeure.

Le moine noir va trouver Lély : Lély est un de ces vagabonds qui servent les intrigans de toutes les classes, pourvu qu'on les paye. Celui-ci vend cher son silence; mais il le garde bien, quels que soient les secrets qu'on lui confie. Lély, suivant les instructions du père Sylvani, entre dans l'église et s'agenouille au pied d'un reliquaire, avec l'air de dévotion du fidèle le plus fervent. Le père Sylvani est là, la figure cachée dans le capuchon de son froc; il est convenu qu'il sortira de l'église dès qu'il y verra entrer Prinville, que Lély ne connaît pas, et qu'il est nécessaire de lui désigner.

Prinville entre en effet; le moine noir dit tout bas à Lély : Le voilà, mon odieux ennemi !... Il sort soudain, et Lély, se levant, s'avance vers le ravisseur de Polline. Monsieur, lui dit Lély, votre manière de regarder de tous les côtés, me persuade que vous cherchez un religieux à qui vous avez écrit ce matin ? — Il est vrai, monsieur, je le cherche et brûle de le rencontrer. — Il m'a chargé de vous attendre ici, monsieur; le révérend père est indisposé, légèrement, mais assez pour ne pas s'exposer au froid, à l'humidité de cette église Il vous prie de me laisser votre adresse. Il aura l'honneur de vous voir. — Non, qu'il ne se dérange pas. Un saint personnage comme celui-là se donnerait la peine.... Je ne mérite pas cet honneur. Je reviendrai, je prendrai un autre moment. Assurez le révérend père Sylvani de mon respect.

Lély insiste pour savoir l'adresse de Prinville; celui-ci refuse absolument de la donner et sort. Alors Lély se défait du manteau rouge qu'il avait, s'en affuble d'un autre d'un gris foncé, et suit de loin Prinville, qui, tout occupé de ses réflexions, ne le remarque pas. Après quelques détours, Lély le voit entrer dans une vaste cour qui domine sur un beau jardin : un pavillon est sur le côté, et c'est là que Prinville disparaît aux regards de son espion. Lély voit sortir d'une ferme attenante un garçon de charrue; il l'appelle : mon ami? mon ami?

Le rustre s'avance. Je viens de voir entrer là, poursuit Lély, un cavalier qui ressemble singulièrement à quelqu'un qui m'a rendu autrefois les plus grands services. Comment se nomme le maître de cette maison ? — Il s'appelle M. Dulac. — Ah, M. Dulac; c'est cela. N'a-t-il pas des enfans ?— Deux, garçon et fille, qui sont ma foi ben gentils, ben aimables; et lui! c'est la perle des hommes pour la probité. — Je vous remercie, mon ami; j'irai le voir, ce bon M. Dulac.

Lély revient vite trouver le père Sylvani. Il n'est pas étonnant, dit-il, que nous n'ayons pas pu le rencontrer; il a changé de nom; c'est M. Dulac à présent. — Tu sais où il demeure ? — Je vous y conduirai quand vous le voudrez; c'est à deux pas d'ici. — Sur l'heure. — Comment ? — Allons-y sur-le-champ. — Il fait nuit. — Tant mieux; c'est ce qu'il faut pour couvrir mes desseins. — Quels sont-ils donc, vos desseins? — Tu n'as pas besoin de les connaître. — Mais sous quel prétexte? — Cela me regarde. Tu me laisseras à la porte de sa maison, et tu reviendras bien vite au couvent, où, à mon retour, je doublerai la récompense que je t'ai promise.

Lély ne se fait plus prier : il marche devant. Le moine noir, muni d'un poignard bien caché, le suit, la rage dans le cœur et le crime peint dans tous ses traits. Arrivé à la porte de la cour de Prinville, Lély lui dit à voix basse : C'est là. — Va-t'en. — Je me sauve.

Le moine noir fait un pas et s'arrête ; il semble que sa conscience veuille lui faire entendre un dernier cri. Qui vas-tu immoler? se dit-il ; une jeune fille, innocente des torts de son père! Ah, Sylvani! as-tu passé vingt années dans la pénitence, dans les pratiques de la sainte religion, pour commettre, sur la fin de ta carrière, un crime digne du dernier des scélérats ?.... Un crime! en est-ce un que de se venger d'un monstre ? et le véritable scélérat, n'est-ce pas Prinville ?.... Oui, Sylvani; mais dans ce cas, c'est lui seul que tu dois égorger! sa fille n'est point coupable..... Il mourrait! il mourrait là, sur l'heure, sans souffrir, sans souffrir longtemps!.... Et sa mort tragique vaudrait peut-être à son ame coupable le bonheur de voler dans le sein de Dieu !.... Non, qu'il vive, et que l'objet de toutes ses affections expire à ses yeux, dans ses bras, s'il le faut!

C'est ainsi que cet homme hypocrite et barbare ose mêler tout ce qu'il y a de plus sacré aux fureurs de ses passions. Il parle de Dieu; il croit à ce Dieu vengeur, et il va l'outrager!

ô la soif horrible, épouvantable, que celle de la vengeance !

Le moine noir, bien déterminé à assouvir la sienne, pénètre dans la cour, rencontre une espèce de jardinier qui rentre chez lui, et lui demande où est M. Dulac. — Dans son cabinet, mon révérend père, où il travaille. — Seul? — Tout seul. Son fils est je ne sais où, et je crois avoir vu mademoiselle endormie dans un pavillon du jardin. — Grand merci.

Sylvani laisse rentrer le jardinier. Quand il croit n'en être plus aperçu, il se garde bien de monter chez Prinville ; c'est à sa fille qu'il en veut, et s'il la trouve seule, endormie !.... Malgré l'obscurité très-profonde de la nuit, il descend quatre marches, s'introduit dans le jardin, qui ne lui paraît pas très-vaste. Dans le fond d'un bosquet, un cabinet de verdure très-noir frappe sa vue. Quelque objet tout blanc est couché sur un banc de gazon. Un pan de robe qui tombe négligemment avertit l'assassin que voilà sa victime. Il hésite, sa vue se trouble ; il veut s'approcher, s'éloigner... Un soupir que pousse la personne couchée lui fait craindre qu'elle ne soit pas endormie. Il est seul pourtant là, personne ne le voit, s'il manque cette occasion de frapper !.... il frappera !

Le scélérat s'avance, et perçant la victime de plusieurs coups de poignard, il dit à voix basse : Meurs, infortunée ; expie le crime de ton père !

Il se sauve soudain ; mais il entend distinctement ces mots que prononce la personne immolée : A moi ! au secours ! Malheureux que je suis ! qui peut m'assassiner !...

Et c'est la voix d'un homme qui fait entendre ces gémissemens! Quand on se tromperait à cette voix, ces mots seuls, *malheureux que je suis*, suffiraient pour convaincre Sylvani que son bras s'est trompé. Qui donc a-t-il égorgé ?....

Une horreur soudaine s'empare de ses sens. Ses genoux fléchissent.... Il sort cependant; la terreur lui rend quelques forces; il sort, et avant qu'on ait entendu de la maison les cris de l'infortuné qu'il vient de frapper. Laissons Sylvani retourner, bourrelé de remords, saisi d'effroi, à son couvent, à la porte duquel il trouve Lély, qu'il paye et congédie. Voyons quelle est l'intéressante victime qu'il a égorgée.... O nature, frémis! c'est son propre fils !

Ce jeune homme, qui s'était mal porté dans la journée, avait pris, le soir, ses vêtemens de négligé, et, revêtu d'une longue robe de chambre blanche, il s'était étendu sous le berceau des jeunes acacias, où le sommeil l'avait surpris. Un garçon jardinier, en passant près de lui, le prit pour la demoiselle de la maison, et cet homme stupide, ignorant, était seul capable d'une pareille erreur ; personne, autre que lui, ne pouvant présumer qu'une jeune personne s'endormît si indécemment, la nuit, dans le jardin d'une maison dont les portes n'étaient pas encore fermées. Ce grossier personnage trompa à son tour le père Sylvani, et l'on vient de voir quelles furent les suites funestes de la méprise d'un sot.

Cependant l'infortuné jeune homme avait à peine la force d'appeler encore à son secours; il perdait tout son sang, et il serait mort là, si ce même jardinier, en montant chez Prinville pour lui rendre compte de quelque chose, n'avait aperçu sa fille près de lui, et dit, dans son style grossier, qu'il avait vu un grand fantôme blanc qui dormait dans le jardin. — Ce fantôme, c'est mon fils, lui répondit Prinville ; il a été indisposé tantôt, et il est au jardin à l'heure qu'il est ! Va le réveiller et amène-le-moi ici.

» Le jardinier court au bosquet des jeunes acacias : quelle est sa surprise, quelle est sa douleur quand il aperçoit son jeune maître percé de coups. Il appelle à son aide ; des domestiques accourent ; on transporte le blessé, privé de connaissance, chez Prinville, que cet accident accable et terrifie. Y a-t-il des voleurs ici ? s'écrie-t-il.

» Pendant qu'on court, qu'on visite la maison, tous les coins du jardin sans y rencontrer qui que ce soit, le garçon jardinier rapporte les questions que lui a faites le religieux; mais il ne peut dire s'il s'est retiré ou s'il est descendu au jardin. Prinville se perd dans ses réflexions. Il n'est pas présumable qu'un saint homme, un ministre du Seigneur ait commis une action aussi barbare, et, dans ce cas, c'était donc sa fille que ce moine voulait assassiner, puisqu'on lui avait dit qu'elle reposait sous un berceau. Pourquoi ? Par quel motif ?

» Pendant qu'on cherche à percer le voile qui couvre cet attentat, un chirurgien appelé auprès du blessé, non-seulement lui rend l'usage de la parole, mais assure encore qu'aucune des trois blessures qu'il a reçues n'est mortelle.

» Auguste, lui dit Prinville, quand il put parler, mon cher Auguste, as-

tu pu distinguer le bras qui t'a frappé?
— Mon père, *(Auguste a été élevé dans la persuasion que Prinville, qu'il ne connaît que sous le nom de Dulac, est l'auteur de ses jours.)* ô mon père, calmez votre effroi ; je vivrai, on l'affirme, je vivrai pour vous chérir. — Je l'espère, mon ami ; mais réponds-moi, quel est ton assassin ? — La nuit était si sombre, mon père ! et je dormais !.... Je me réveillais cependant au bruit de quelqu'un qui s'avançait vers moi. J'allais lui demander qui il était, lorsque je me suis senti frapper. Cela ressemblait à une espèce de moine vêtu tout en noir. — C'est ce religieux, interrompt le jardinier ; il était tout noir aussi. O mon Dieu, qui le croirait ! — Taisez - vous, répond Prinville, et laissez parler mon fils. Comment, Auguste, un jeune homme de ton

âge, alerte et vigoureux, n'a-t-il pas pu saisir ce monstre, arrêter son bras furieux? — Les coups qu'il m'a portés ont été si prompts, si pressés, qu'ils m'ont soudain ôté toutes mes forces. J'ai cru entendre qu'il marmottait tout bas ces mots : *Les crimes de ton père* ou *de mon père*. Je ne sais pas ce qu'il a dit, mais certainement il a parlé.

Prinville frémit, enfonce sa tête dans son estomac, et paraît réfléchir profondément. La jeune Elvine, sa fille, pleure, gémit sur le sort de son frère, et tout prouve trop que ce sort cruel lui était réservé..... Mais par qui? quel est ce moine féroce? Son habit paraît désigner qu'il est de l'ordre des moines noirs. Prinville ira à ce couvent dès le lendemain; il ira confier ses peines au père Sylvani, et lui demander s'il connaît quelqu'un de ses confrères capable d'un pareil forfait.

Prinville se présente en effet au parloir, et demande le père Sylvani. Le farouche religieux n'avait pas fermé l'œil de la nuit; quelque pressentiment funeste lui indiquait que son crime était plus grand qu'il ne le pensait. Il se présente, persuadé que c'est Prinville qui veut lui parler; il a la figure bien enveloppée de son capuchon. O mon père ! lui dit tout bas Prinville, savez-vous quel monstre a pu assassiner, hier soir, le fils de l'infortuné Desvillettes ? — Le fils, dites-vous ? — Hélas ! il n'est que trop vrai. Un furieux est entré ; il avait osé, dit-on, prendre le respectable habit de votre ordre, et je ne sais s'il en voulait à ma fille ou au fils de Desvillettes...... Ce dernier, frappé sur un banc de gazon.... O dieux !

» Prinville n'a pas le temps d'en dire davantage; il voit le père Sylvani tomber de sa hauteur, et privé de sentiment, sur le carreau. Ce moine, se dit Prinville, prend un intérêt trop vif à ce qui me touche..... Serait-ce lui? lui ! ô ciel !...

» Le bruit de la chute de Sylvani attire quelques religieux qui le transportent dans sa cellule, et Prinville revient chez lui, en cherchant à combattre des soupçons qui s'élèvent néanmoins fortement dans son esprit. Ce qui le fait douter surtout, c'est qu'il ne voit point dans quel but ni pour quelle raison le père Sylvani aurait pu commettre un crime si grand. Cependant il a fait demander son adresse avec plus d'instances que cette simple question n'en exigeait. Voilà deux fois que ce moine noir se trouve mal au récit des malheurs de Prinville. Quel est-il ce père Sylvani ? Il faut chercher à le connaître mieux, et le faire punir s'il est coupable.

» Prinville ne communique à personne ses réflexions, et va voir son intéressant malade, qu'il trouve bien pour son état. Elvine est près de lui, qui veut partager les soins de la garde et du chirurgien ; Elvine aussi douce, aussi bonne qu'elle est belle, remplit envers Auguste tous les devoirs de la tendresse fraternelle la plus touchante, et ce couple d'excellens enfans arrache des larmes de sensibilité à ce bon Prinville, qui, coupable, oh, bien coupable autrefois, est revenu à la pratique de toutes les vertus. On ne sait s'il aime plus Auguste qu'Elvine, ou Elvine qu'Auguste. Il a eu tant de torts envers le père de ce dernier, qu'il veut les expier en accablant ce jeune homme de sa tendresse et de ses bienfaits. Mais, ces torts, il aurait trop rougi, il a trop honte encore aujourd'hui de les lui révéler. Il l'a laissé dans la croyance qu'il était son fils, et en effet Prinville veut être à jamais pour lui le plus tendre des pères.

» Dans la journée, il reçoit le billet suivant, qu'un inconnu a remis à un domestique :

« *Si vous faites la moindre démarche pour connaître le trop coupable assassin du fils de l'infortuné Desvillettes, votre conduite envers cet ancien ami de votre jeunesse sera soumise à la rigueur des lois, qui savent poursuivre et punir les crimes les plus anciens, quelque cachés qu'ils soient.* »

» D'où peut venir cette menace ? Personne, dans le monde, ne sait les secrets de Prinville ; ceux qui les avaient partagés n'existent plus. Il n'y a que le seul religieux auquel il s'est confessé, qui les connaisse, ces funestes secrets. Quel que soit le motif du père Sylvani, serait-il assez perfide pour trahir des aveux faits au tribunal de la pénitence?....

» Prinville frémit cependant en relisant cet effrayant billet, dont l'écriture lui est tout-à-fait inconnue. Il veut s'en expliquer avec le père Sylvani, qui, seul dans l'univers, est à présent son confident. Craignant que ce moine ne veuille pas le voir, il envoie demander de ses nouvelles. On vient lui apprendre que le moine noir est retenu dans son lit par une fièvre chaude, et qu'on désespère même de sa vie.

» Ce malheureux, en effet, bourrelé de remords d'avoir immolé son propre fils, était dans un état digne de compassion.

» Deux religieux, qui ne le quittaient pas... »

ONZIÈME VEILLÉE.

LA MODESTIE.

Emilio est interrompu ici par l'arrivée inattendue de M. Brion, qui, la joie sur le front et une lettre à la main, entre en disant : Je suis enchanté, ravi, de rencontrer ici mes amis rassemblés. Pour cette fois nous ne ferons pas un pas de clerc, mon cher Emilio, et la place qui se présente en ce moment pour vous est de nature à satisfaire tous vos désirs. Je vous réponds d'ailleurs de l'homme qui la propose et qui la donne ; c'est un de mes anciens camarades de collége, dont j'ai toujours cultivé l'amitié, homme solide dans ses principes, comme pur et sans reproche dans sa conduite; mais il n'y a pas un moment à perdre si vous voulez obliger mon ami, car il a le plus pressant besoin que vous lui consacriez vos soins et vos talens.

Je ne doute pas, Brion, répondit M. Desbois, que tout ce que vous nous dites là ne soit vrai; mais vous ne nous apprenez pas quel est l'homme qui demande Emilio : est-ce encore un grand seigneur, comme le comte de Saint-Preuil ? — Non, réplique M. Brion, oh, non; c'est au contraire un très-simple particulier. — Un nouvel homme à projets, peut-être, un second de Verlac? — Point du tout ; c'est tout uniment un maître de pension. — Dites plutôt un directeur de pensionnat ; car tel est le titre que ces messieurs prennent à présent.

—Comme il vous plaira. M. Dulandy, c'est le nom de mon ami, dirige une maison d'éducation de jeunes garçons, à quatre lieues de Paris, et par conséquent à la même distance d'ici, et il a plus de cent élèves ; c'est vous dire assez combien il jouit de l'estime et de la confiance publiques. Voici ce qu'il m'écrit :

« Hier, mon cher Brion, en dî-
» nant chez moi, tu me fis mille
» éloges d'un jeune homme nommé
» Emilio, en qui tu admirais autant
» le cœur que l'esprit. Il a, disais-
» tu, tous les talens nécessaires pour
» me seconder dans mon établisse-
» ment. Si douze cents livres d'ap-
» pointemens, ma table, le loge-
» ment, etc., et surtout les cadeaux
» que font toujours les élèves à
» leur maître de quartier, peuvent
» déterminer cet intéressant Emilio

» à entrer chez moi pour y être un
» second moi-même (c'est dire assez
» quels égards j'aurai pour lui), je
» te prie de me l'amener, et ce sera
» un traité bientôt conclu et pour la
» vie. Tout à toi,

» BERNARD DULANDY. »

Par *post-scriptum*. « Je t'objecte
» que, m'étant trouvé forcé de ren-
» voyer aujourd'hui un sous-maître
» (ou plutôt un *saoûl-maître*, passe-
» moi le calembourg) qui ne me
» convenait pas, il faudrait, pour
» suivre l'ordre de mes classes, qui
» ne souffrent point d'interruptions,
» que ton Emilio pût venir dès
» demain. Arrange cela, et sois per-
» suadé qu'en outre de ce que je pro-
» mets à ce jeune homme, je lui
» ferai d'autres avantages qui com-
» bleront tous ses vœux ». Vous

voyez, Emilio, qu'avez-vous à objecter à cela ?

Moi, répond Emilio, j'accepte, M. Brion, j'accepte avec la plus vive reconnaissance. Voilà un homme dont le style est franc, dont le cœur paraît loyal, ouvert, et puisqu'il est votre ami, puisque vous me répondez.... — De son esprit, de ses lumières. — Non, de son caractère plutôt; c'est pour moi le point essentiel. — Son caractère, c'est le mien; c'est de la sincérité, un peu de vivacité peut-être, mais une bonté ! ah, vous en serez parfaitement content. — Je vous remercie donc infiniment, bon M. Brion; me voilà prêt.... — A partir ? car sa lettre est d'hier, et c'est pour aujourd'hui qu'il vous demande. Il ne faut que deux heures pour aller chez lui; il n'est que quatre heures et demie, nous avons le temps. J'ai amené exprès ma carriole d'osier ; ma petite jument file comme un trait, et....

Parbleu, dit M. Desbois avec humeur, vous ne nous le laisserez pas un moment tranquille chez nous, ce pauvre Emilio ! il faut qu'il soit à la minute à vos ordres ! — Faites attention, réplique M. Brion, que s'il ne part que demain, c'est une journée de plus de perdue pour M. Dulandy ; au lieu que, ce soir, ils conviendront de leurs faits, du genre de besogne du jeune homme, qui, dès le point du jour, entrera en activité. Allons, allons, mettons derechef le petit paquet sous le bras, et partons. — C'est dommage, interrompt madame Desbois, il ne nous achèvera pas l'histoire du moine noir qu'il a laissée à l'endroit le plus intéressant. — Une autre fois, il la terminera. Pour le moment, nous n'avons pas un quart-d'heure à perdre : les affaires avant tout, les plaisirs après.

M. Brion était pressant. Il aida lui-même Emilio à réunir ses effets ; puis tous les deux prirent congé de M. et madame Desbois et de leur fils Laurent. Il était près de sept heures quand ils arrivèrent chez M. Dulandy; mais comme on était dans la belle saison, il faisait encore grand jour. Les écoliers étaient en récréation dans une vaste cour, et faisaient, comme on le devine bien, un bruit à fendre les oreilles. La maison, située entre cour et jardin, à l'entrée d'un village voisin d'une petite ville, éloignée de cinq lieues au plus de Paris, offrait un coup d'œil agréable, et ce pensionnat paraissait être en effet un des plus considérables des environs de la capitale, qui elle-même donnait tous les ans une grande quantité d'élèves à M. Dulandy. Il parut, ce M. Dulandy. Quand il vit entrer dans sa cour la carriole d'osier de son ami, qu'il connaissait très-bien : Ah , Brion, dit-il avec joie, te voilà, et voilà sans doute aussi cet aimable Emilio dont tu me faisais mille éloges hier? — C'est lui-même, mon ami. — Il paraît bien jeune pour les fonctions assez graves que je veux lui donner ici. — Mon ami, il est tout-à-fait formé du côté du cœur et de l'esprit. — J'en suis persuadé, et c'est une double obligation que je lui ai d'avoir bien voulu céder, dès ce jour, à mes instances. C'est qu'un maître de moins chez moi, cela y met tout en stagnation ; c'est, si j'ose me servir d'une comparaison triviale, comme une cuisine qui serait comblée de tous les côtés de provisions, mais qui manquerait d'un cuisinier pour les arranger. Mes classes sont là, ainsi que mes livres, mes élèves, etc.; mais il me manque un professeur pour y mettre tout en activité. Vous serez ce professeur-là, jeune Emilio, et dès demain. — Monsieur, répond celui-ci, je prendrai la liberté de vous observer que mon éducation n'a pas été peut-être assez soignée pour me permettre d'enseigner aux autres ce que je sais à peine moi-même. Je n'entends rien au grec, par exemple. — Le grec, je l'ai toujours enseigné moi-même ; et quoiqu'il *ne puisse gâter rien*, je ne le crois pas d'une utilité absolument indispensable dans l'éducation ; mais le latin ?... — Monsieur, je n'y suis pas fort. Mon père, fils d'agriculteur, cultivateur lui-même, nous apprenait plutôt l'histoire, la religion, la morale que.,... — Si vous ne savez pas bien le latin, mon ami, je vous l'enseignerai à vos heures perdues ; je vous donnerai aussi des notions sur les sciences, sur les arts, et vous vous en servirez ensuite pour faire répéter mes leçons à vos élèves ; que cela ne vous inquiète point. Ce qu'il m'importe de rencontrer en vous, c'est un honnête homme d'abord, puis un esprit juste, un sens droit, un jugement sain, et en même temps un ami de l'enfance ; car les parens qui nous confient leur fils, ont le droit d'exiger que nous en soyons les seconds pères. Eh ! quelle plus belle fonction que celle de remplacer un père ! Mes amis, quand je pense quelquefois à l'étendue de mes devoirs sous ce rapport, cela m'émeut vraiment jusqu'aux larmes. Loin de nous l'instituteur mercenaire qui néglige le moral de ses élèves, pour ne calculer que sur ce que leur table lui rapporte, en la rendant encore moins que frugale : cet homme-là n'est qu'un méchant traiteur ; il n'est pas digne d'élever la jeunesse.

Emilio admira cette sortie ferme, ce juste mouvement d'humeur de M. Dulandy : Voilà, se dit-il intérieurement, un homme plein d'honneur et de délicatesse. Il ajouta tout haut : Il faut être bien bas, bien vil, pour être capable d'un pareil calcul. Est-ce que l'enfance n'inspire pas par elle-même assez d'intérêt pour qu'on mette son bonheur à l'instruire, à la former ? Sans doute les soins qu'on lui prodigue ne peuvent pas être désintéressés, et plus ces soins sont multipliés, plus on doit leur attacher de prix ; aussi, si j'étais maître de pension, moi, je demanderais quinze cents francs par an à un père qui voudrait mettre son fils chez moi. Quinze cents francs ! s'écrierait-il; et pourquoi donc ce prix exorbitant ? — Pas si exhorbitant, monsieur ! Je n'exige que trois cents livres pour sa nourriture, et douze cents francs pour son instruction : celle-là est impayable. Quand je vous rendrai, monsieur, votre fils instruit sur toutes les langues, sur l'histoire, sur les mathématiques; quand vous verrez en lui un homme, un homme doué de l'éducation la plus soignée, dont la conversation fera le charme de toutes les sociétés, qui par sa profonde instruction, par ses moyens grandement développés, pourra s'élever aux places les plus éminentes de la société, qui sera fait en un mot pour vous honorer partout, dans tous les temps, vous penserez au contraire, monsieur,

ne

ne pas m'avoir assez dédommagé des peines qu'il m'aura coûtées ; vous vous direz, en pensant à moi : le service qu'il m'a rendu n'a pas de prix.... Daignez donc lui en attacher un dès aujourd'hui, et pensez que vous ne mettez pas votre fils en pension chez un restaurateur. Vous voyez, monsieur Dulandy, que je ne fais que développer votre idée. Mon père nous racontait souvent une histoire assez curieuse, et qui se rapporte parfaitement avec ce qui fait ici le sujet de notre entretien ; elle n'est pas longue, je vais vous la dire.

Ah, mon cher Emilio, dit M. Brion, grâce pour le moment, trève, je vous prie, à vos histoires. Vous n'avez pas eu le temps de saluer monsieur, et déjà vous vous livrez à votre manie de conter.

Laissez-le, interrompit M. Dulandy, nos écoliers sont en récréation, nous avons le temps. Entrons par cette petite grille dans le jardin, où nous serons seuls, plus tranquilles; et pendant que M. Emilio se rappelle une historiette qui peut nous intéresser, prions-le de nous la raconter, puisqu'elle a rapport avec ce que nous disions tout à l'heure.

Quand nos trois amis furent loin des écoliers, Emilio prit la parole en ces termes : Voilà, messieurs, l'anecdote que mon père nous a répétée souvent dans le cours de ses veillées.

L'ÉCOLIER RECONNAISSANT.

« Bernard et sa femme étaient de simples artisans, cordonniers de leur état; ils habitaient une boutique située dans le quartier nommé autrefois Latin, c'est-à-dire dans la rue

Saint-Jacques. Bernard et sa femme n'avaient qu'un enfant, un petit garçon qu'ils idolâtraient, et comme leur commerce allait très-bien, ils ne voulurent pas faire de leur fils chéri un cordonnier comme eux. Il faut, dit la femme Bernard, qu'il fasse d'abord ses études. — Ses études ! c'est bien mon projet, dit le mari. — Dans un collége, mon homme. — Dans un collége, ma femme. — Et puis après....
— Et puis après..... qui sait ? il peut devenir un procureur, un notaire, un avocat. — Oh, un avocat, mon homme, ou un procureur ! quel bel état ! et quelle obligation notre fils nous aura de ne l'avoir pas mis dans le cuir comme nous ! Je me réjouis d'avance de voir ce cher petit procureur ou notaire ! — Et moi donc, ma femme ! hein, quel honneur !

» Ainsi ces bonnes gens formaient

des vœux pour l'avancement, pour le bonheur de leur enfant, qui, à huit ans, annonçait déjà de l'esprit et beaucoup d'intelligence. Qu'on blâme Bernard de vouloir faire de son fils plus que lui-même ! On sait que beaucoup de pères de famille de sa classe ont eu souvent lieu de se repentir d'une semblable ambition ; mais cette ambition vient toujours d'un excès de tendresse paternelle, et tout excès qui naît d'un pareil sentiment est bien excusable. Bernard d'ailleurs sera récompensé par la suite de la hauteur de ses vues sur son fils, et cela doit nous rassurer.

» Bernard et sa femme connaissaient, dans la rue des Noyers, un maître d'école nommé Robert, qui, loin d'être attaché à l'université, dépendait uniquement du grand-chantre de Notre-Dame, et tenait ce qu'on appelle une école de quartier; mais si Robert n'avait pas le titre honorable de maître-ès-arts, il était plus instruit que beaucoup de ceux qui ont cette qualité. Robert était excellent latiniste, très-bon mathématicien, et il avait, dans divers genres, des talens qui pouvaient perfectionner l'éducation des enfans qu'on lui confiait. Secondé par une épouse respectable, qui faisait lire les plus petits élèves, il s'occupait des grands avec un soin particulier. Bernard, qui chaussait Robert et sa famille, lui proposa de prendre son fils tout-à-fait en pension chez lui pour un prix convenu, et Robert consentit à cet arrangement. Notez que Robert, n'ayant pour unique pensionnaire que le petit Bernard, devait s'attacher à lui, et le suivre de préférence à tout autre; c'est ce qu'il fit de la manière la plus digne d'estime, et il fut bien dédommagé de ses peines par les progrès rapides qu'il vit faire à son élève. Le petit Bernard avait les plus heureuses dispositions; son maître, en homme habile, sut en profiter, et l'enfant devint bientôt le plus fort écolier du collége de Lisieux, où on l'envoyait deux fois par jour comme externe. Dans toutes ses classes, il remportait les premiers prix à l'université, et par conséquent ceux de son collége. Quelle joie pour le père Bernard et sa femme! Il sera procureur! disait le mari. Il sera avocat! répétait la femme; et ces bonnes gens, voyant le *nec plus ultrà* de l'avancement de leur fils dans une charge de procureur ou dans l'état d'avocat, en pleuraient d'allégresse. Mais le ciel destinait à leur cher fils une toute autre carrière, comme nous le verrons bientôt.

Leur ivresse fut au comble quand le

jeune Bernard, arrivé à la classe de rhétorique, obtint le prix d'honneur, encore à l'université. Ce prix d'honneur fit, si nous pouvons répéter le mot, tant d'honneur à la petite école de Robert, que soudain il fut nommé maître-ès-arts, avec la permission d'accroître sa pension ; ce qu'il fit d'une manière assez lucrative. On juge combien il devait chérir l'élève qui lui avait procuré cet avancement, et, de son côté, le jeune Bernard avait voué à un maître, à qui il devait tant de talens, la plus vive amitié, fondée sur une éternelle reconnaissance. Ses études terminées, il fallut enfin que le jeune Bernard sortît de chez Robert ; mais il en sortit instruit sur tous les genres de connaissances. En outre de ses humanités, il savait toutes les parties des mathématiques, jusqu'aux changes, aux parités, à la manière de tenir les livres de commerce, etc.; c'était un prodige de sciences. Ses parens, suivant les grandes vues qu'ils avaient depuis long-temps sur lui, le mirent chez le procureur. L'esprit élevé du jeune homme ne pouvait se restreindre au grimoire de la chicane, et ses parens prièrent un banquier de le prendre chez lui comme commis. Il avait vingt ans lorsqu'il entra chez M. Niot, le plus riche banquier de la capitale. A vingt-cinq ans, le jeune Bernard avait mérité et la main de la fille de la maison, et l'association pour moitié dans les entreprises de son beau-père; mais, hélas! il avait perdu depuis deux ans son père et sa mère, morts en même temps comme Philémon et Baucis, et les flambeaux d'hymenée ne purent éclipser à ses yeux l'éclat des torches funèbres qui avaient éclairé les derniers momens de ses excellens parens. Son épouse cependant le rendit père à son tour, et il fut heureux. Il avait perdu de vue depuis long-temps son maître Robert; il s'en ressouvint dans le bonheur, et fut le voir. La pension de Robert allait toujours très-bien, et il n'éprouvait d'autre chagrin que celui d'avoir perdu sa femme. Il resta muet d'étonnement et de plaisir en revoyant son élève chéri. O mon maître, lui dit Bernard, en le serrant dans ses bras, grâce à vous, je suis riche, heureux époux, heureux père! Recevez le faible témoignage de ma reconnaissance.

» Et il jette une bourse de cent louis sur le secrétaire de Robert. Que fais-tu? s'écrie celui-ci; que faites-vous, monsieur Bernard? je n'ai pas besoin de votre or; l'honneur que m'a fait votre éducation m'a dédommagé bien au-delà des faibles soins qu'elle a pu me coûter. — Prenez, mon digne maître, prenez cela. Eh! deux amis peuvent-ils rougir de s'aider mutuellement !

» Il dit, laisse la bourse et se sauve.

» Quelques années après, les talens de Bernard devenant utiles au gouvernement, le roi lui donna la place de premier commis des finances, qu'il accepta avec la dignité de maître des comptes. Bernard, qui avait acheté la terre de Saint-Valo, dont il portait le nom, se rendit aussitôt dans sa voiture chez le bon Robert, qui resta fort étonné de le voir avancé à ce point. C'est encore à vous, mon maître, lui dit Bernard, que je dois ces nouvelles charges, ces nouveaux honneurs ! Acceptez ce contrat d'une rente de mille livres que j'ai constituée sur votre tête. — Un nouveau bienfait, ô excellent Bernard ! je ne l'accepterai point. — Vous ne me donnerez point ce chagrin. Eh ! que vois-je ! une jeune dame, un jeune enfant ! seriez-vous remarié ? — Je le suis ; à cinquante ans, j'en ai fait la folie, ou plutôt le ciel me réservait ce bonheur ; car ma femme que voilà est un modèle de vertus, et elle nourrit ma petite fille, qui est gentille, comme vous voyez. — Charmante ! Eh bien, Robert, cette rente est pour vous, pour votre femme, pour votre fille. Un père de famille peut-il refuser ce qui peut contribuer à la fortune de son enfant ? Acceptez.

» Robert ne put résister à tant d'instances, et M. de Saint-Valo prit dans ses bras sa petite fille, la caressa long-temps, sans se douter qu'un jour.... Mais n'anticipons pas sur les événemens. Emu de cette visite.... »

La cloche, qui annonçait l'entrée des écoliers de M. Dulandy au réfectoire, empêcha Emilio de continuer. Pardon, lui dit son hôte, si je vous prie de me suivre chez ma femme, et de remettre à un autre moment la suite de votre histoire, qui m'intéressait déjà bien vivement; mais l'heure nous presse, et ici tous nos momens sont comptés.

DOUZIÈME VEILLÉE.

L'OUBLI DES GRANDEURS.

Fin de l'Ecolier reconnaissant.

Emilio reçut de madame Dulandy et de ses deux demoiselles le même accueil flatteur que lui avait fait le maître de la maison. On convint de la nature de ses travaux, des heures auxquelles il s'y livrerait, et il fut décidé que le lendemain matin, à l'heure du lever, il entrerait en exercice, guidé par M. Dulandy, qui le présenterait à ses élèves et l'installerait. M. Brion, qui avait une chambre et un lit d'amis chez M. Dulandy, se proposa de rester quelques jours pour jouir des essais de son protégé dans la nouvelle carrière qui s'offrait à lui, et l'on se mit à table, où un souper simple, mais bon, acheva de donner à Emilio une idée des qualités que possédait son hôte. Celui-ci pria, au dessert, notre jeune homme de finir son conte de l'*Ecolier reconnaissant*, ou plutôt de le recommencer en entier pour madame Dulandy et ses filles; ce que fit Emilio avec beaucoup de grâce. Quand il fut arrivé à l'endroit où on l'avait interrompu, il continua ainsi :

« Emu de cette visite, Bernard de Saint-Valo revint à son cabinet, chez le ministre, et travailla avec plus d'ardeur que jamais, heureux d'avoir embrassé encore une fois le guide respectable de son enfance. Malgré les occupations sans nombre dont il était surchargé par sa place, M. de Saint-Valo trouvait les momens de donner lui-même à son fils l'éducation qu'il avait reçue de Robert. On sent bien que ce n'était point par économie qu'il ne mettait pas le jeune Armand dans une pension, comme son père avait fait de lui autrefois. Eh! quelle autre pension Bernard aurait-il choisie, que celle de Robert! Mais Bernard voulait élever son fils lui-même ; il s'était imposé cette tâche honorable. Aussi tous les jours Armand recevait de lui deux bonnes leçons, et un précepteur, instruit autant qu'honnête, était chargé de les faire travailler à l'enfant. Ainsi s'écoulèrent plusieurs années, pendant lesquelles le jeune Armand fit des progrès rapides, et promit de devenir un sujet recommandable comme son père.

» Ce bon père marchait cependant de plus en plus à la fortune. Le roi ne faisait rien, ne proposait rien à son conseil que d'après ses plans ou ses avis. M. de Saint-Valo parvint à son tour à un ministère, et devint par la suite premier ministre.

» Chaque fois qu'il survenait un changement heureux dans sa situation, il se rappelait son bon Robert, et ce n'était que dans ces cas-là qu'il lui rendait visite.

» Cette fois il se fit accompagner de son secrétaire, de ses gens en grande livrée, et il se rendit chez son ancien instituteur. Mais il ne demeurait plus rue des Noyers ; Robert avait quitté son état ; des malheurs avaient même dérangé sa fortune, et il ne joignait qu'une très-faible rente aux mille francs qu'il devait à la reconnaissance de Bernard : tel fut le rapport du propriétaire de la maison. M. de Saint-Valo s'informa de la nouvelle demeure de son maître; on la lui indiqua rue des Postes, et il y vola.

» Robert, d'abord bien surpris de voir s'arrêter une voiture brillante à la porte de son modeste réduit, le fut bien davantage quand il reconnut Bernard. Est-ce vous, vous, monseigneur? dit avec humilité ce bon vieillard (car Robert avait soixante-six ans). — Je ne suis, je ne serai jamais monseigneur pour vous, ô mon respectable maître. Vous voyez en moi Bernard, votre élève, et toujours Bernard. Mais votre femme? — Elle n'est plus; elle a perdu la vie en voulant la donner à un fils que j'ai perdu aussi, il y a huit ans de cela. — Et votre fille? — Une sœur de sa mère veut bien en prendre soin. Je suis seul ici avec une servante. Oh, monseigneur, ma trop grande confiance.... de faux amis.... des dépositaires infidèles.... J'ai presque tout perdu ! Sans vous, sans cette rente que je refusais d'abord.... — Je viens réparer tout cela. Voici le contrat d'acquisition d'une jolie retraite, d'une maison commode que je vous donne et qui touche à mon parc, à mon château de Saint-Valo, à dix lieues d'ici. Quand j'aurai le temps d'y passer quelques jours, quelques heures, ces jours, ces heures vous seront consacrés. La maison est toute meublée ; vous pourrez l'habiter quand il vous plaira. Je joins quatorze cents livres de plus à la faible rente que vous teniez de moi ; cela vous fera cent louis par an, avec lesquels vous pourrez passer tranquillement votre vieillesse, élever votre fille, et.... Quant à son établissement, j'espère être assez heureux encore pour m'en charger. Quel âge a-t-elle, cette aimable enfant? — Quinze ans. — Quinze ans! Eh, eh! il faudra bientôt y penser. — Mais, monseigneur, tant de bienfaits.... — Appelez-moi donc, mon cher maître, votre bon ami Bernard tout uniment, et surtout ne me parlez jamais des faibles restitutions que je vous fais : j'appelle cela des restitutions, puisque c'est à vous, à vous seul, que je dois mes places et ma fortune. — Mais monsieur votre père me payait pour.... — Fi donc! y a-t-il assez d'or dans le monde pour payer les soins généreux d'un instituteur désintéressé, pour reconnaître enfin tous les talens que vous m'avez donnés? Adieu, adieu, mon digne, mon respectable maître; je ne serai plus si long-temps sans vous revoir, car je compte aller habiter Saint-Valo de temps en temps, et je vous y trouverai, j'espère. Un de mes gens vous indiquera la manière dont vous pourrez vous y transporter avec vos effets.

» Le ministre quitta le bon Robert; et celui-ci, pénétré de tous les sentimens que font naître dans une ame sensible la bienfaisance unie à la plus touchante reconnaissance, le bon Robert, disons-nous, versa des larmes, qu'un des gens de monseigneur, resté auprès de lui, eut bien de la peine à essuyer. Cet homme lui donna les indications nécessaires pour son voyage à Saint-Valo, et dès qu'il fut retiré, Robert courut faire part à sa fille du changement heureux qui venait d'arriver dans leur fortune. Rosalie avait de la raison, du jugement, une tendresse extrême pour son père : elle l'embrassa et remercia la Providence.

» La sœur de sa mère, chez laquelle elle était, avait une petite rente qui suffisait à ses besoins ; pour ne pas quitter sa nièce, qu'elle chérissait, elle proposa d'aller vivre avec elle et Robert dans l'habitation qu'on venait de leur donner. Fanchon, ajouta-t-elle, (la servante de Robert) fera la cuisine, et moi, je mènerai la maison, je surveillerai ma nièce, je serai son amie, sa seconde mère. Comment trouvez-vous cet arrangement? — Parfait, madame Milard, répondit Robert. — Il flatte bien mon cœur, dit à son tour la jeune Rosalie. — Allons, tant mieux, mes enfans, répliqua la tante. C'est aujourd'hui jeudi, il faut nous arranger pour partir tous après-demain samedi, de bon matin; dix lieues, ce n'est pas long à faire, et dans une des voitures de monseigneur surtout ; cela fera que dimanche nous pourrons entendre la sainte messe à l'église du village, et nous serons à nous, nous aurons la journée pour nous reposer.

» Rosalie interrompt en souriant : Ma tante dit cela comme si nous avions de grandes occupations les jours ouvrables. — Nous nous en ferons là-bas, ma nièce : nous tricoterons, nous ferons de la toile, nous filerons en un mot ton trousseau. Oh, nous nous occuperons ; car l'oisiveté est, comme on sait, la mère.... — Oh, ma tante, je connais assez ce proverbe-là pour en professer la morale ; je ferai tout ce que vous voudrez, ma bonne tante, et pour que vous soyez contente de moi, que mon papa soit bien heureux, je suivrai tous vos avis avec la plus grande soumission. — Charmante, ma jolie nièce. Ah, qu'il sera heureux, celui qui l'aura !

Rosalie était en effet d'une figure enchanteresse, et si un peu d'enfantillage rappelait qu'elle sortait de l'enfance, on pouvait juger que son cœur serait parfait, que son esprit prendrait les louables directions qu'on voudrait lui indiquer. Son père l'adorait, et sa tante en était folle.

» Le départ de cette bonne famille se fit ainsi qu'on l'avait arrangé : une voiture du ministre vint la prendre et la conduire à Saint-Valo, où on l'installa dans la charmante maison qui lui avait été donnée. C'était en effet une habitation délicieuse : appuyée aux murs du parc du château, elle dominait sur un village d'un aspect pittoresque ; et en outre qu'elle renfermait un jardin assez vaste, elle donnait encore sur des bois touffus qui offraient une promenade aussi fraîche qu'agreste ; les meubles étaient simples, mais commodes, et l'on y trouvait tout ce qui est utile aux besoins de la vie. Robert, sa fille et sa belle-sœur se plurent beaucoup dans cet asile champêtre, et bénirent tous les jours la main à qui ils le devaient.

» Deux années s'étaient écoulées sans qu'on vît venir le ministre à sa terre ; il était même tellement occupé, qu'on n'y entendait pas parler de lui. Enfin, on apprit un jour que le fils de M. de Saint-Valo allait venir passer l'été au château. Ce jeune homme, de vingt à vingt-un ans, relevait d'une fausse fluxion de poitrine qui l'avait mis en peu de temps aux portes du tombeau. Il avait besoin de repos, de l'air de la campagne, et sa tendre mère s'était décidée à l'emmener à Saint-Valo, où elle devait rester près de lui.

» Quelque pressentiment secret fit

de la peine à Robert, en apprenant cette nouvelle. Il ne connaissait pas du tout madame de Saint-Valo, et il craignait qu'elle ne le vît pas d'un aussi bon œil que son mari. Il se promit cependant d'aller lui rendre une visite ; ce qu'il fit sur-le-champ à l'arrivée de cette dame et de son fils.

» Il faisait très-chaud ce jour-là. Aussitôt après le diner, Robert, vêtu de ses habits les plus propres, monte la ruelle qui conduit de sa maison au château, et demande qu'on lui fasse l'honneur de l'introduire auprès de madame. On lui demande son nom ; on le fait attendre long-temps, enfin on le fait entrer. Madame de Saint-Valo était seule : Je sais, lui dit-elle, mon mari m'a dit qui vous êtes ; il est le maître de faire ce qu'il veut ; je ne le gêne en rien, surtout pour le bien. Cela suffit ; allez, bon vieillard. Il fait une chaleur ! j'ai besoin d'être seule.

» Robert voudrait bien demander la permission de présenter à madame sa fille et sa belle-sœur; mais cette singulière réception le glace; il n'ose plus parler; il s'incline donc et se retire.

» Comme il a du temps devant lui, il va se promener dans les bois, et il réfléchit sur ce qu'on vient de lui dire. C'est assez insignifiant ce qu'on vient de lui dire : est-ce hauteur de la part de cette dame ? est-ce mépris ? elle a un air imposant.... Au surplus, elle n'est pas obligée d'avoir pour Robert la même affection que son époux, et Robert se contentera de cette démarche polie, sans les multiplier; il ne reverra plus madame; à moins qu'elle ne le fasse demander.

» Il se trompe, Robert; il ne sait

pas que madame de Saint-Valo est la meilleure femme du monde ; mais qu'elle est timide, un peu bornée, et qu'elle ne l'a reçu ainsi que parce qu'elle ne savait que lui dire.

» Pendant que Robert se livre à ses réflexions, et prolonge très-tard sa promenade, il se passe un événement qu'il est bon de rapporter.

» Madame Milard faisait sa méridienne, et Rosalie, de son côté, accablée par la chaleur, s'était endormie sur un banc de gazon élevé à la porte et en dehors de la maison. Un jeune homme passe seul, c'est Armand de Saint-Valo : il aperçoit une jeune fille qui dort profondément. Il s'approche ; il voit des traits charmans, une bouche de rose, des dents d'émail, un cou d'albâtre ; il voit.... qu'il ne voit plus rien, tant sa vue est troublée, tant son cœur est agité.... Il examine encore, et il croit voir l'Amour ou Vénus. Hélas ! il est pris, son pauvre cœur, pris pour la vie, et celle qui le lui ravit ignore l'excès de son martyre, puisqu'elle dort, puisqu'elle est insensible au feu qui le brûle. Craintif et respectueux, il ne veut pas qu'elle connaisse ses traits pour être ceux du fils du ministre, et il forme sur-le-champ un projet, un plan singulier que nous lui verrons bientôt exécuter.

» Pendant qu'il se sauve d'un côté, Robert arrive de l'autre : il éveille sa fille, il lui fait remarquer son imprudence de dormir ainsi, dans une campagne isolée : S'il était passé des étrangers, ajoute-t-il, quelque jeune imprudent ! — Je n'ai vu personne, mon père.

» Elle disait la vérité ; mais elle avait été vue, et c'est ce que le bon Robert redoutait. Robert fut obligé, cet après-midi-là, de réveiller toute sa maison ; car madame Milard était encore plongée dans sa méridienne. Elle fut fort étonnée de la manière dont son beau-frère avait été reçu par madame de Saint-Valo, et elle pensa, comme lui, qu'il était inutile de faire de nouvelles visites, à moins que le ministre n'arrivât. Oh, on était bien sûr du bon accueil de celui-là !

» Le lendemain, madame Milard, revenant d'une promenade avec sa nièce, aperçut sur le banc de sa porte un jeune villageois pâle, défait, et qui semblait prêt à perdre connaissance. Madame Milard, obligeante et sensible, interroge le paysan, lui demande ce qu'il a. — Oh, madame, je suis d'une faiblesse ! J'ai fait douze lieues ce matin à pied pour venir à ce village, où j'ai un oncle qui doit être tout près, car c'est le fermier de monseigneur ; mais je n'ai pu aller plus loin. Excusez de la..... liberté.... si j'ai osé m'asseoir ici.... Je tombe en vérité de défaillance. — Ma nièce, dit madame Milard, va chercher un bouillon, du vin, tout ce qu'il faut pour rendre les forces à ce pauvre malheureux. — Un peu de vin me suffira, bonne dame, répond le villageois.

» Rosalie lui en apporte. Il boit, se lève, veut partir, et ne le pouvant pas, il prie en grâce les deux dames de lui donner le bras jusque chez son oncle.

» Madame Milard et Rosalie connaissaient le père Michaud, fermier en effet de M. de Saint-Valo. Elles ne balancèrent pas à aider son neveu à se rendre chez lui. Quand ils furent dans la chambre basse de la ferme,

Michaud se présenta. Eh, dit-il d'un air aussi content qu'étonné, c'est toi, Guillot ! je ne t'attendais que demain. Comme te voilà pâle ! qu'as-tu donc ?... Bonjour, madame Milard ; salut à l'aimable Rosalie... Eh bien, répondras-tu ?—Mon oncle, dit le jeune homme, la mort de ma pauvre mère, votre sœur, m'a fait tant de mal, eh puis la marche forcée que j'ai faite aujourd'hui dans le désir de vous voir plutôt.... Sans ces bonnes dames je mourais, oui, je mourais à deux pas d'ici.

» Guillot détaille à son oncle le service que lui ont rendu les deux dames. Michaud les remercie, et leur apprend que son neveu, qui n'a plus ni père ni mère, va demeurer dorénavant chez lui, qu'il l'aidera dans ses travaux. Madame Milard et sa nièce se retirent. Rosalie rentre chez son père ; mais y revient-elle aussi tranquille qu'elle en est partie ? La pâleur du jeune homme, la régularité de ses traits, le charme de son organe, tout l'a touchée, et elle croit n'éprouver pour lui que de la pitié, quand elle ressent déjà les premiers feux de l'amour. Elle y pense toute la nuit, elle y pense le lendemain, et son cœur bat violemment quand elle le voit entrer, toujours pâle, mais toujours intéressant.

« Guillot vient, dit-il, remercier ces dames des bontés qu'elles ont eues pour lui. Il les engage, de la part de son oncle, à venir prendre du lait, le soir, à la ferme. Madame Milard accepte, et Rosalie est enchantée. Robert accompagne sa belle-sœur, sa fille ; on lui apprend ce que c'est que Guillot, comment on a fait sa connaissance ; et le bon Robert engage ce jeune homme, dont Michaud lui fait les plus grands éloges, à venir le voir. Guillot ne se fait pas répéter cette permission ; car il aime Rosalie de son côté, et Rosalie lui laisse voir assez, par ses regards affectueux, qu'il ne lui est pas indifférent. Outre la sympathie qui rapproche les amans, ils ont un langage muet qui n'appartient qu'à eux, qui n'est intelligible que pour eux, et auquel les témoins les plus attentifs ne comprennent rien. Guillot, sans parler, avait déjà dit je vous aime ; et Rosalie, sans ouvrir la bouche, lui avait repondu : j'éprouve le même sentiment pour vous.

» Cependant Rosalie frémit quand elle s'aperçut de sa passion. O ciel ! aimer un simple paysan sans parens, sans fortune, sans nom, sans éducation !... Mais il est si bien fait ! il a un son de voix qui va à l'ame ! Que suis-je, moi, se dit Rosalie, pour mépriser les villageois ? Ai-je plus que lui un rang, une fortune ? Nous tenons tout des bienfaits de monseigneur ; s'il nous les retirait, nous n'aurions plus rien ; au lieu que Guillot a un oncle veuf, sans enfans, très-riche, et dont il sera l'héritier. De l'éducation ? Guillot, ce qui est très-étonnant, Guillot parle mieux, se présente mieux, marche et salue beaucoup mieux que les gens de la campagne. Ses habits ne sont point grossiers ; il est recherché dans sa simple parure, et quelque chose de grand, de noble même, perce dans ses manières.

» Voilà ce qui a séduit Rosalie, ce qui a captivé son cœur pour la vie. Elle n'aurait pas aimé un paysan ordinaire ; mais celui-ci, à ses yeux, a mille qualités au-dessus des gens de cette classe.

» Deux mois s'étaient passés, pendant lesquels Guillot n'avait pas laissé écouler trois jours sans voir Rosalie, soit chez son père, qu'il amusait par des historiettes, soit chez le fermier Michaud, où la famille Robert était souvent invitée. Les jeunes amans avaient trouvé le moment de se dire en secret tout ce qu'ils s'étaient déjà exprimés par leurs regards.... Madame Milard fut la première à se douter de leur tendresse mutuelle. Elle en parla à Robert, qui ne s'en formalisa pas du tout. Au contraire, il pensa que si Michaud voulait donner ou sa ferme, ou un établissement quelconque à son neveu, ce serait un parti très-convenable pour Rosalie. Il fut décidé qu'avant d'encourager ou de contrarier les amours des jeunes gens, Robert sonderait Michaud sur ses dispositions envers Guillot. Mais le jour même où Robert devait faire cette démarche, M. de Saint-Valo arriva, sans être attendu, au château, et sa première visite, après qu'il eut embrassé sa femme et son fils, fut pour son maître.

» Le ministre entre chez Robert, le serre dans ses bras, s'extasie sur la beauté de Rosalie. Robert éloigne sa fille, et apprend à M. de Saint-Valo qu'il est sur le point de la marier au neveu de son fermier. — Au neveu de mon fermier? dit M. de Saint-Valo, vous m'étonnez. Michaud n'a point de neveu.... à moins qu'il ne lui en soit tombé sur les bras un dont il ne m'ait jamais parlé. Cela est possible. Vous savez, Robert, que je me charge de la dot de Rosalie? Je veux, je veux voir le jeune homme, être sûr qu'il lui convienne. Envoyez-le-moi demain, je l'interrogerai avec douceur;

douceur; et s'il est honnête homme, si ces enfans s'aiment, ma foi nous les unirons.

» La journée se passa sans qu'on vît Guillot; il ne parut point non plus le lendemain, ce qui inquiéta beaucoup Rosalie. Enfin le second jour, à midi, il arriva et prétexta une indisposition qui l'avait retenu au lit. Robert était absent. Dès que madame Milard eut dit au jeune homme, en présence de Rosalie, que le ministre demandait à le voir, il rougit et balbutia cette réponse : « Que..... me veut-il? quel.... rapport?... — Quel rapport? répliqua madame Milard ; n'avons-nous pas des yeux, jeunes gens? Robert et moi, ne nous sommes-nous pas aperçus que vous vous aimiez tous deux ?

» O ciel ! fut le cri des amans.....' Madame Milard continua : Ce n'est pas *ô ciel* qu'il faut dire, c'est, *mariez - nous*. Aussi y pense-t-on, mauvais sujets que vous êtes, et c'est pour cela que Guillot doit aller demander le consentement de monseigneur, qui a la bonté de doter Rosalie.

Guillot paraît de plus en plus embarrassé. La nouvelle qu'on veut bien l'unir à ce qu'il aime semble l'inquiéter plus que le réjouir. Il est immobile, interdit.... Rosalie, qui a couru embrasser sa tante, est effrayée du silence que garde son amant. Madame Milard va lui demander le sujet de son trouble, lorsqu'on entend en dehors les voix de Robert et du ministre, qui entrent. Vous m'obligerez, mon cher maître, dit ce dernier; j'accepterai volontiers à me rafraîchir chez vous. Je viens de faire une promenade si longue....

» Guillot veut fuir; il se jette sur Robert, qu'il manque de faire tomber. Robert le retient dans ses bras, en disant : Où vas-tu donc, grand fou?... Tenez, monseigneur, voilà le prétendu en question. — Que vois-je! s'écrie le ministre, en retenant à son tour Guillot qui veut s'échapper. C'est vous, mon fils ? Pourquoi ce déguisement ?

» Guillot, ou plutôt Armand de Saint-Valo, se jette aux genoux de son père : Pardonnez, lui dit-il, l'amour.... — L'amour ! Encore une fois, pourquoi vous êtes-vous travesti ainsi ? Aviez-vous le projet de séduire l'innocence? — Loin de moi cette pensée coupable, mon père ! j'aimais, je voulais être aimé ; ce que je ne pouvais espérer en me présentant comme votre fils. Un cœur pur comme celui de Rosalie eût redouté les suites d'une passion que le préjugé des grandeurs de la fortune pouvait traverser ; au lieu que Guillot, le villageois Guillot, on s'était attendri sur lui, on l'aimait pour lui-même. — Mais quelle eût été la fin de tout cela ? — Je me serais jeté à vos pieds, mon père, comme j'y suis dans ce moment, et je vous aurais supplié de faire mon bonheur en m'unissant à Rosalie, à Rosalie ! la fille du digne instituteur de votre jeunesse, à qui vous n'avez pu jamais rien refuser. Je le savais, mon père, et c'est ce qui m'a enhardi à désirer la main de cette charmante personne.

» Pendant que ce dialogue a lieu entre le père et le fils, la famille Robert est plongée dans la plus grande confusion. Rosalie surtout, qui regrette que son amant ne soit pas resté Guillot, voit la profondeur de l'abîme où l'a plongée sa fatale passion.....

Le ministre jette un coup d'œil sur elle, sur son père ; il s'approche de Robert : Mon ami, lui dit-il avec bonté, voilà certes un incident qui demande des réflexions !... Je croyais que ma reconnaissance envers vous ne pouvait trouver de bornes ; mais....
— Oh, monseigneur ! répond le vieillard en fondant en larmes ; ramenez monsieur votre fils à ses devoirs ; je me charge de faire entendre raison à ma pauvre fille, de la mettre dans un couvent, s'il le faut, pour vous rendre la sécurité et le bonheur.... — Aime-t-elle Armand, votre fille ? — Malheureusement pour Rosalie, elle en est folle. — Eh bien, bon vieillard, qu'elle l'épouse, qu'elle soit heureuse ! — Comment ! — Je me rappelle ma source ; elle était sans doute au-dessous de la vôtre. Je me rappelle surtout vos soins, les talens que vous

m'avez donnés ; je vous dois ma fortune, le poste éminent que j'occupe. Que l'orgueil ne trouve pas la plus petite place dans mon cœur, plein du seul sentiment de la reconnaissance ! Robert, unissons nos jeunes gens, et qu'Armand parte ensuite pour son régiment, où l'appelle la carrière militaire qu'il a embrassée.

» Ainsi tout le monde fut content, excepté le fermier Michaud, qui fut chassé pour avoir abusé de la confiance de la famille Robert, en aidant au jeune homme, qui lui avait donné une forte somme d'argent à cet effet, dans une intrigue amoureuse dont il ne pouvait prévoir les suites. Armand voulut demander grâce pour lui; le ministre fut inexorable. Il pensait avec raison que la jeunesse se corromprait bien plus difficilement, si elle ne rencontrait pas des complaisans assez vils pour l'encourager dans ses passions.

» Tel est, messieurs et mesdames, le conte que je vous avais promis; et vous conviendrez avec moi qu'il est impossible de rencontrer dans la société un *écolier plus reconnaissant* que ne l'est le vertueux ministre dont je vous ai retracé les belles actions. »

TREIZIÈME VEILLÉE.

L'ACTIVITÉ.

Le lendemain matin, Emilio fut installé dans le nouveau poste qu'il allait occuper. M. Dulandy avait l'habitude, très-louable sans doute dans un instituteur, de faire toutes ses classes lui-même; c'est-à-dire qu'il divisait les cinq heures de la matinée (de sept à midi) entre tous ses élèves. Il consacrait une demi-heure à la classe de sixième, une demi-heure également à la cinquième, trois quarts-d'heure à la quatrième, une heure à la troisième, etc., jusqu'à la classe d'éloquence, d'histoire, de littérature, qu'il présidait de même. Chaque classe, aussitôt qu'il l'avait faite, montait au quartier, où Emilio lui faisait répéter ses devoirs, et surveillait le travail des élèves. Ainsi, tous revenaient devant lui après avoir reçu les leçons du maître. Les momens où M. Dulandy ne paraissait pas dans telle ou telle classe, pour donner ses soins à d'autres, étaient employés par les élèves privés momentanément de sa présence, à des leçons de danse, d'exercice, de musique, de dessin, en un mot, à tous les arts d'agrément. Les heures de l'après-midi, qui n'étaient point destinées à la récréation, étaient consacrées aux mêmes études ; en sorte qu'il fallait une grande activité dans l'instituteur et dans Emilio, son jeune adjoint, pour suffire à tant de travaux.

Emilio s'en acquitta avec un zèle, une assiduité, une intelligence qui firent le plus grand plaisir à M. Dulandy, et surtout à M. Brion, qui était charmé d'avoir fait un pareil cadeau à son ami. M. Brion, après avoir suivi Emilio pendant quelques jours, prit congé de ce jeune homme et retourna chez lui. Il fit à la bonne famille Desbois les plus justes éloges de son protégé ; et M. Desbois, ravi de lui voir enfin une place stable, en écrivit à Emilio dans les termes les plus affectueux, en ajoutant qu'il n'était nullement étonné que le petit-fils du vertueux Palamène pratiquât les leçons de morale que son aïeul lui avait données.

Emilio découvrait tous les jours, dans l'estimable M. Dulandy, de nouvelles qualités. Bon époux, bon père, excellent ami, ce digne instituteur ne négligeait rien pour l'éducation des élèves qu'on lui confiait ;

et quant aux petits soins, sa maison était véritablement pour eux la maison paternelle. Ces pauvres enfans, disait-il souvent à sa femme et à Emilio qui le secondaient parfaitement, ces pauvres enfans sont déjà assez à plaindre d'être éloignés d'un père qui les chérissait, d'une mère qui les gâtait à la journée. A peine au sortir de l'enfance, on les sépare de ce qu'ils ont de plus cher ; on les livre, à qui ? à des étrangers dont l'aspect, outre qu'il est souvent pour eux très-rébarbatif, leur apprend qu'ils doivent travailler, s'instruire, et que s'ils ne le font pas, ils s'exposent à des punitions, à des corrections dont jamais on ne les aurait menacés chez leurs parens. Comment nous jugent-ils d'abord ? comme des hommes sévères qui ont tout pouvoir sur eux, et qui, par cela seul, les font trembler. Sans doute, et d'après leur premier aperçu, il est difficile de nous en faire aimer ; mais cela devient cependant très-possible par la suite : c'est de ne les reprendre qu'avec une extrême douceur, c'est de leur parler souvent avec bonté. Un coup d'œil affable, un égard, une complaisance, un éloge placé à propos, vont vous attacher tel de ces petits cœurs qui était le plus éloigné de vous. L'enfant ne demande qu'à aimer. Hélas ! pourquoi faut-il qu'il devienne homme ! car les hommes ne se livrent, pour la plupart, qu'à la haine, qu'à l'envie de nuire à leurs semblables. Cherchez une place, mille concurrens vous la disputeront ; votre meilleur ami vous la soufflera. Que quelque malheur imprévu porte atteinte à votre réputation, la médisance accroît le mal, la calomnie vient y ajouter son souffle empoisonné, et bientôt vous n'aurez plus de protecteurs, d'amis, de parens peut-être ; tout le monde vous fuira. Les enfans au contraire se soutiennent, s'entendent, se défendent, et cachent réciproquement leurs petites faiblesses aux yeux de leurs supérieurs. J'en ai connu....

Je vous demande pardon si je vous interromps, Emilio ; mais ce que vous dites là est d'autant plus vrai, que mon père en a eu sous les yeux un exemple des plus frappans. Un de ses amis, obligé de faire un long voyage, l'avait prié de surveiller son fils, qui était chez un honnête instituteur comme vous, et voici ce dont mon père fut témoin dans cette pension.

LE MAUVAIS NATUREL.

Chassez le naturel, il revient au galop.

« C'est la triste épreuve que fit M. de Lerval. M. de Lerval avait trois fils, et il désirait que l'hymen, pour son quatrième gage, lui donnât une fille. Son attente fut trompée : madame de Lerval donna le jour à un garçon ; et comme si le ciel eût voulu épargner à cette tendre mère les chagrins que cet enfant devait un jour causer à sa famille, sa naissance lui coûta la vie. M. de Lerval, resté veuf avec quatre fils en très-bas âge, jura de se consacrer à leur éducation, et de ne pas faire succéder une seconde épouse à leur malheureuse mère. M. de Lerval avait un nom, du crédit, de la fortune; il se promit de faire tout pour rendre ses enfans dignes de lui.

La nature avait doué les trois premiers de douceur, de bonté, de toutes les qualités du cœur et de l'esprit; mais bien loin de doter aussi richement le dernier, qu'on appelait Martial, elle lui avait donné le germe de tous les vices. Dès le berceau, cet enfant manifestait les plus funestes dispositions au mal : il mordait, il égratignait sa nourrice. Plus grand, il blessait à coups de canif tous les animaux de la basse-cour du château de Lerval. Il faisait chasser de pauvres domestiques pour des vols qu'il commettait en secret, et dont il accusait tel ou tel valet ; et en outre, il ne voulait absolument rien apprendre. Tandis qu'un sage précepteur faisait faire à ses frères tout ce qu'il voulait, Martial se moquait de ses leçons, ne l'écoutait pas, et lui faisait même mille niches des plus indécentes. Tantôt il cachait son rabat dans le charbonnier ; tantôt il défrisait sa perruque dans un seau d'eau : une autre fois il blanchit sa soutane dans un sac de farine : enfin c'était tous les jours de nouvelles plaintes que ce bon instituteur portait à M. de Lerval. M. de Lerval était père ; il ne regarda d'abord ces tours perfides que comme des espiégleries : mais bientôt voyant cet enfant justement abhorré de toute la maison, et même de ses frères, M. de Lerval ouvrit les yeux. Douloureusement affecté d'abord d'un aussi mauvais naturel, il se consola en pensant qu'une maison d'institution corrigerait sans doute ses défauts : en mettant Martial en pension, se dit-il, il ne pourra pas se livrer là à tous ses penchans vicieux, et s'il l'ose, il en sera puni de manière à s'en souvenir.

» Voilà donc M. de Lerval qui, après avoir fait une verte semonce à l'enfant, lui annonce qu'il va le mettre en pension. Martial pleure, crie, jure, tempête, proteste ensuite de son repentir ; mais son père, courroucé avec raison, le mène chez M. Durand, à Paris, et le livre à toute la sévérité de cet instituteur. M. Durand avait à peu près soixante élèves. Le nouveau-venu, pour se désennuyer, s'avisa, dès les premiers jours, de les déranger tous de leurs devoirs. Le maître se fâcha, le petit mauvais sujet lui dit des sottises : il fut mis en pénitence, recommença ses fredaines, et M. Durand s'aperçut bientôt qu'il lui serait difficile de garder cet enfant.

» Martial avait pourtant quatorze ans ; il aurait dû commencer à devenir raisonnable. Point du tout. Un jour d'été il sort sans permission ; il emmène avec lui trois petits garçons plus jeunes que lui. Les voilà tous les quatre comme des petits chevaux échappés, à courir dans la campagne, jusqu'à Charenton. Là, ils veulent déjeuner ; mais comme ils n'ont point d'argent ils pensent à en faire, et c'est Martial qui en trouve le moyen. Nos quatre petits drôles vendent leurs boucles de souliers et leurs chapeaux à un fripon de brocanteur qui leur donne six francs de tout cela. Ils dépensent ces six francs à déjeuner; puis ils vont soudain se baigner dans la rivière. L'un des camarades de Martial se noie ; un second meurt d'une indigestion ; le troisième, au désespoir, se sauve en jurant qu'il ne remettra jamais le pied chez ses parens : mais Martial est plus effronté que lui ; il revient tranquillement à sa pension ; et quand M. Durand lui demande ce qu'il a fait des trois autres fuyards, il répond hardiment qu'il ne les a pas vus, qu'il est sorti seul. Mais tout se découvre : les chapeaux sont reconnus ; celui qui les a achetés est arrêté ; Martial est accusé d'avoir causé par son imprudence la mort de deux de ses camarades. M. Durand, furieux, après avoir infligé à cet enfant rebelle tout ce que les punitions de pensionnats peuvent avoir de sévère, lui annonce qu'il va écrire tout cela à M. de Lerval.

» Martial, irrité contre son maître, jure de se venger. Il met dans son complot deux ou trois méchans écoliers comme lui, qui en veulent à leur instituteur ; puis, choisissant un jour de congé où M. et madame Durand sont allés dîner en ville, où il y a peu de monde dans la maison, nos quatre petits coquins se glissent dans l'office, dont ils ouvrent la porte avec une fausse clef. Cette office, contenant toutes les provisions du maître en sucre, café, huile, fruits confits, beurre salé, graines sèches, etc., est bientôt pillé par ces vauriens. Non contens de boire, de tordre et d'avaler, ils vont jeter tout ce qu'ils ne peuvent plus consommer dans un lieu qu'on ne peut nommer ici; ils ne font grâce à rien, et une heure après leur escapade, l'office est nétoyée comme si l'on n'y avait jamais rien placé. Ils vont ensuite raconter ce beau chef-d'œuvre à sept ou huit de leurs camarades qui jouent dans la cour; ceux-ci en rient aux éclats, et jurent de ne jamais nommer les auteurs de cette prétendue espiéglerie.

» Qu'on juge de l'étonnement du

maître, quand il voit son office ainsi dévastée. Il fait d'abord tomber ses soupçons sur Martial, et l'interroge. Martial soutient qu'il est innocent. Il questionne d'autres pensionnaires; aucun ne s'avoue coupable, aucun ne veut nommer ceux qui le sont. (Voilà, ainsi que nous le disions tout à l'heure, un exemple de la manière dont les enfans se soutiennent, pour le mal surtout.) M. Durand est sûr que Martial a fait le coup; mais il lui soupçonne des complices, et voudrait les connaître. Pas un ne trahit son camarade. Alors M. Durand annonce, d'un air troublé, qu'il va mettre tous ses élèves au pain et à l'eau pendant huit jours, s'ils persistent à garder le silence.

» Un petit égrillard se lève soudain et s'écrie : Pourquoi punir l'innocent comme le coupable ? — Nommez-le donc, le coupable, lui répond M. Durand. N'est-il pas vrai que c'est Martial? — Est-ce qu'il aurait pu tout seul?... — Ah, tout seul! voilà déjà un coupable de connu; les autres, j'espère que bientôt....

» On ne le laisse pas finir; les élèves se lèvent jusqu'au dernier, et s'écrient : Nous sommes tous les complices de Martial!

» Cet esprit de corps surprend, irrite à juste titre M. Durand, qui voyant combien un seul enfant avait apporté de trouble chez lui, se promet de le renvoyer, dès le lendemain, à son père. Il voulut l'y reconduire lui-même, afin de détailler à M. de Lerval toutes les fautes que son fils avait commises. Il n'y eut ni prières, ni remords qui tinssent; le petit mauvais sujet fut ramené chez son père, et le respectable M. de Lerval, outré d'une conduite aussi affreuse dans un âge encore si tendre, le fit engager soudain dans la marine. Martial fut mis au rang des mousses, traité avec la même dureté, et quand il fut grand, il commit des crimes plus réels, qui le firent périr d'une manière ignominieuse, au grand regret de son père et de ses frères, qui étaient, eux, des modèles de toutes les vertus sociales ; tant il est vrai qu'un méchant peut naître d'un père très-bon, et que celui qui, dès l'enfance, annonce des penchans vicieux, fait désespérer qu'il puisse jamais devenir un honnête homme ! »

Cette histoire parut très-vraisemblable à M. Dulandy, qui répondit après l'avoir entendue : Il ne m'est jamais arrivé semblable chose; car c'est le comble de la méchanceté que de détruire ainsi toutes les provisions d'un maître, et de les détruire, ce qu'il y a d'affreux, de manière à ce qu'elles ne puissent être utiles à personne : mais si cette anecdote était sue d'autres instituteurs, ils y reconnaîtraient tous, comme moi, quelques traits de la malignité de l'enfance. Eh! comment voulez-vous que les enfans ne fassent pas des espiégleries? les parens sont si imprudens! ils racontent tout haut devant leur jeune famille les tours qu'ils jouèrent autrefois à leurs maîtres; comme ils se moquèrent de tel professeur dont ils ont attaché la perruque à une ficelle suspendue à un clou, de manière qu'en se levant, sa perruque quitta sa tête; l'encre qu'ils jetèrent tel jour dans le bénitier, afin que chacun, en sortant de l'église, se noircît le front, et mille autres folies de ce genre. Ces sots narrateurs rient aux larmes ; leurs enfans rient comme eux, et quand ils sont chez nous, ils croient bien agir en faisant tout ce qu'a fait papa. J'ai entendu cela souvent, moi, et j'en haussais les épaules.

C'est ainsi que M. Dulandy causait avec Emilio qu'il aimait beaucoup. Émilio, qui prenait lui-même, les soirs, des leçons du maître, les répétait à merveilles à ses élèves, et à la fin de l'été, il était aussi instruit que s'il eût passé deux années dans un collége. La distribution des prix approchait : tous les détails en furent confiés à Emilio. Il se mit donc à préparer la salle, les prix, les palmes, à faire les discours, à donner, en un mot, toute la solennité possible à ce grand jour de fête. Vous n'oublierez pas, mon cher Emilio, lui dit M. Dulandy, de faire placer dans la grande salle d'étude tous les dessins, ainsi que les pièces d'écriture que les meilleurs élèves ont faits dans l'année : c'est la tapisserie obligée de nos salles à nous, et c'est souvent sur cette futile exposition qu'on juge de l'étendue de notre savoir et du mérite de notre instruction : c'est une excellente enseigne pour nous; mais ce que je trouve de ridicule, c'est l'amour des parens pour ces bambochades. J'en connais tels qui dérangeraient les beaux tableaux de leur salon, pour y accrocher les feuilles volantes où sont tracés, par leurs enfans, des yeux, des nez, des mains : voilà, vous disent-ils, le premier dessin d'Auguste; son second, qui est à côté, est mieux, n'est-il pas vrai? Mais Théodore a fait un paysage ; oh ! il faut que vous voyiez cela. Le voilà ! au-dessus du canapé : ce moulin est bien, n'est-ce pas ? cette ruine, hein !... qu'en dites-vous?

Les bonnes gens ne savent pas que ces pauvres essais de leurs fils ont été retouchés par le maître de dessin de nos maisons, de manière à ce qu'il n'y reste pas quelquefois un seul trait de l'élève ; et l'enfant qui voit le salon de son père, le boudoir de sa mère, pleins de dessins qu'il sait bien n'avoir pas faits, jouit d'une vanité mal fondée, et sent déjà qu'on peut, sans grands efforts, se faire dans le monde une réputation.

QUATORZIÈME VEILLÉE.

L'EXCÈS DE CONFIANCE.

On sait qu'au bout de chaque année classique, il se fait, dans les maisons d'éducation, un mouvement que l'on pourrait, si l'on osait faire une comparaison triviale, rapprocher d'une diligence qui, à des époques fixes, se vide et se remplit de nouveaux voyageurs : quand l'un est arrivé au but de son voyage, un autre commence le sien ; ainsi de suite. De même chez un instituteur : lorsqu'un jeune homme a terminé son cours d'études, il sort pour entrer enfin dans le monde, où il doit produire les fruits de son éducation; mais il ne quitte jamais sa pension qu'après la distribution des prix.

Celle de M. Dulandy fut des plus brillantes. Emilio s'y montra sous tant de rapports avantageux, que le comte de Gerville, un des assistans, engagea notre jeune homme à venir dîner le lendemain chez lui. Emilio voulut, par modestie, se refuser à cet honneur; le comte exigea sa parole, et il la donna.

M. le comte de Gerville, ancien officier supérieur, était un vieillard très-riche et très-estimé. Une sœur, qu'il avait perdue, et qui n'était pas autant favorisée que lui de la fortune, lui avait laissé un fils, un orphelin, que le comte de Gerville s'était promis d'élever : ce neveu, nommé Edouard, était, depuis sa tendre enfance, pensionnaire chez M. Dulandy, et il avait profité parfaitement des soins en tout genre que ce digne instituteur s'était donnés pour son éducation. Mais Edouard avait fini ses études ; il comptait dix-sept ans ; il était grand, bien fait, doué de la figure la plus agréable, et il allait quitter la pension. Plus fort que tous ses camarades sur les mathématiques, sur les sciences exactes, Edouard eut tous les premiers prix à la distribution; et l'on juge combien cela flatta son oncle, le comte de Gerville, qui, de son côté, était assez instruit pour voir que la faveur n'entrait pour rien dans les triomphes de son neveu.

Quand la fête fut terminée, Edouard qui avait voué la plus tendre amitié à notre Emilio, le présenta à son oncle, en lui disant : C'est à cet aimable jeune homme que je dois les progrès que j'ai faits cette année.

Ce fut dans cette entrevue que le comte engagea Emilio à dîner pour le lendemain.

Emilio s'était fait aimer de tous les élèves, et particulièrement de l'intéressant Edouard, qui joignait à l'esprit le mieux cultivé toutes les qualités du cœur. Edouard recommanda donc son ami, ainsi qu'il l'appelait, à son oncle; et le comte, qui venait de partager l'estime générale que notre Emilio avait inspirée à toute l'assemblée, le reçut avec l'honnêteté la plus affectueuse. Il y avait beaucoup de gens décorés à la table du comte, entr'autres, un de ses parens, nommé le baron d'Espardillac, ancien marin, homme âgé, mais d'une gaieté, d'un esprit et d'une politesse rares. Que gagnez-vous chez Dulandy ? dit-il à Emilio. — Monsieur.... je.... je suis content. — Ce n'est pas là répondre.

Que gagnez-vous, aimable jeune homme? j'ai mes raisons pour vous demander cela.

Emilie dit quel était son traitement, ajoutant qu'il mettait mille fois au-dessus les égards que M. Dulandy voulait bien avoir pour lui. — Eh bien, mon cher, répondit le baron, je veux vous faire avoir une place meilleure que celle-là, non pas dans un pensionnat, cela ne mène à rien, mais dans un poste où vous avancerez aisément. Mon beau frère est ministre des finances; je veux qu'il vous fasse sous-chef dans quelque partie. — Que dites-vous là, baron? interrompit le comte de Gerville; vous voulez m'enlever ce jeune homme, en faire un commis, fi donc! Non, non, l'ami de mon neveu ne quittera pas mon neveu; ils passeront leur jeunesse, leur vie entière ensemble. Je lui donne, à Emilio, ce qu'il voudra ; ce qu'il me demandera, moi : je suis riche, j'ai de l'or ; je ne peux mieux l'employer qu'en le partageant avec l'orphelin que la nature a comblé de tous ses dons moraux. Ce parti vous conviendrait-il, Emilio ? — Monsieur le comte, je n'aurai pas l'ingratitude de quitter M. Dulandy. — Il ne s'en formalisera pas, quand il saura que c'est pour votre bien. Ecoutez, je veux que mon neveu voyage, oui, qu'il voyage pour son instruction en Angleterre, en Italie, enfin partout. Moi, je suis trop vieux, trop infirme pour l'accompagner; il faut donc quelqu'un qui me remplace, qui le guide, qui veille sur ses mœurs, et je ne peux pas lui donner un mentor plus sûr que son ami..... Vous tournez la tête ; vous refusez encore ?.... Qu'exigez-vous ? voulez-vous que je mette mon seing au bas d'un papier blanc; vous le remplirez de toutes les conditions qu'il vous plaira de me faire, et n'y mettez point de bornes : je souscrirai à toutes vos demandes, quelqu'exagérées qu'elles puissent vous paraître. Voyons, une plume, de l'encre, et.... — Ah, monsieur le comte, qu'allez-vous faire! connaissez-vous le danger qu'il y a à donner ainsi sa signature en blanc? Je vais, si la société le permet, vous raconter une histoire que mon père nous a récitée pendant une de ses veillées ; c'est la plus singulière chose!.... Ne suis-je pas indiscret? — Pas du tout, pas du tout. Elle est morale sans doute? — Morale et très-intéressante, du moins elle nous a vivement touchés. Vous y verrez un abus de confiance des plus neufs et des plus révoltans. — Eh bien, commencez. — Oh! je ne serai pas long.

JONES PLOOM,

ou *le Marchand de Londres.*

« Milord Wils était le seigneur le plus riche et le plus distingué de l'Irlande ; mais célibataire par goût, rassasié de plaisirs, ennuyé de la vie, le spleen rongeur le dévorait dans son château, situé à deux milles de Dublin. Ce château gothique, isolé au milieu d'une forêt vaste et dangereuse, était bien propre à nourrir sa mélancolie ; et milord Wils, quoique à peine âgé de trente ans, y aurait succombé, sans un événement qui vint faire diversion à sa tristesse, et le guérir pour jamais de sa maladie.

» Un soir, qu'il se promenait autour de son château, il entendit des cris affreux dans la forêt et très-près de lui. Milord savait que des voleurs détroussaient journellement les passans dans ce repaire impénétrable ; il pensa avec raison qu'il s'y commettait un crime de ce genre. Milord était brave : muni de deux bons pistolets qui ne le quittaient jamais, il s'avance vers l'endroit d'où partent ces cris douloureux, et il voit une jeune femme baignée dans son sang, et serrant étroitement sur son sein un jeune enfant qu'un brigand cherchait à lui ravir. Milord Wils étend d'un coup de pistolet ce misérable à ses pieds. Il veut secourir la jeune femme qu'on vient d'assassiner ; mais elle est trop grièvement blessée. Elle ne peut que dire ces mots : Mon fils, mon fils ! ayez pitié de mon fils !....

» Elle expire.

» Milord, pénétré de douleur, emporte dans ses bras le petit garçon, qui compte à peine deux ans ; puis,
rentré

rentré chez lui, il le confie aux soins d'une femme de service, et sort de nouveau avec tous ses domestiques pour aller chercher le corps de l'infortunée. Une lettre qu'on trouva sur elle indiqua le but de son voyage et le malheur dont elle avait été la victime. Son mari, qui n'avait mis ni son nom ni son adresse dans cette lettre, lui prescrivait de venir, avec son enfant, le trouver à la Croix des Halliers, à l'entrée de la forêt, où une chaise de poste devait les recevoir tous les trois pour retourner à Dublin. Des voleurs avaient attaqué la femme, et elle avait succombé sous leurs coups; on alla à la Croix des Halliers, on n'y trouva personne. Quand toutes les formalités de justice furent remplies, milord Wils fit inhumer la jeune mère, et voyant, malgré des avis publics qu'il en avait donnés, voyant, dis-je, que personne ne réclamait l'enfant, il se promit de l'élever, de se livrer à son éducation ; ce qu'il fit en effet.

Ignorant comment il s'appelait, il lui donna le nom de Jones Ploom, que portait un de ses amis d'enfance mort à l'armée à ses côtés. Le petit Jones, dont on ne put jamais découvrir les parens, grandit ainsi sous les yeux de milord, qui fut son instituteur ; et cette douce occupation chassa de son cœur la sombre mélancolie qui menaçait de tarir en lui les sources de la vie.

» Jones avait dix-huit ans, lorsqu'un jour milord lui apprit le sort funeste de sa mère, et la manière dont il avait eu accès au château. Le jeune homme remercia milord de sa générosité, puis il ajouta : Comment votre seigneurie a-t-elle pu choisir pour son séjour un château aussi triste, autour duquel il se commet tous les jours des crimes affreux ? car les scélérats qui m'ont privé de ma mère et peut-être de mon père, puisqu'il ne s'est jamais fait connaître, sont plus que jamais en force dans la forêt ; on les dit en nombre assez considérable pour faire le siége de votre château, s'ils le voulaient : l'espoir d'y trouver de grandes richesses !.... — Ils n'y trouveraient rien, mon ami. Mes trésors, les bijoux, les diamans de ma mère, tout cela est renfermé dans une cassette que j'ai déposée chez Patris, mon homme d'affaires à Dublin. Patris est d'une délicatesse, d'une probité à toute épreuve, tu le sais, et je ne crains de sa part aucun abus de confiance ; mais il se pourra bientôt faire que je lui reprenne ce dépôt, et que j'aille habiter la ville. L'été commence ; je vais le passer ici, et l'hiver prochain je dirai adieu pour long-temps à cette triste retraite, où l'habitude m'a fait rester jusqu'à ce jour.

» Milord Wils, en faisant de pareilles confidences à son secrétaire, (car il avait élevé le jeune homme à ce poste honorable) ne savait pas qu'il nourrissait dans son sein le serpent le plus dangereux. Jones était un ingrat qui, bien loin de chérir un bienfaiteur à qui il devait tout, le regardait comme un mentor trop sévère, comme un protecteur impérieux, et Jones brûlait du désir de le quitter ; mais Jones était hypocrite, patelin, et ne laissait exprimer sur ses traits aucun de ses vils sentimens. Dès qu'il eut connaissance du dépôt confié à Patris, il conçut le projet de se l'approprier, et voici comment il s'y prit.

» D'abord il redoubla de zèle, de marques d'affection et de petits soins auprès de milord, qui avait pour lui la tendresse d'un père ; puis tout-à-coup il feignit une tristesse qui alarma son respectable bienfaiteur. Jones ne mangeait plus ; il paraissait changer à vue d'œil. Qu'as-tu, Jones ? lui demanda un jour milord avec le plus vif intérêt.

» Le jeune homme se tut. Milord lui répéta plusieurs fois sa question, et Jones rompit enfin le silence. Il prétexta qu'il aimait la fille d'un riche fermier qui demeurait à six milles ; que la jeune personne le chérissait également, mais que le père exigeait de son gendre une dot trop forte pour que lui, Jones, pût jamais espérer d'épouser un objet sans lequel la vie lui devient importune. Il arrangea si bien sa petite fable, que milord y crut. Ce seigneur, bon, sensible et généreux, redoutant pour son protégé les excès du désespoir, s'écria : Et quelle somme faut-il donc à cet original-là ?.... Il n'importe; quelque considérable qu'elle soit, j'en veux faire le sacrifice pour ton bonheur. Il est bien malheureux que ma maudite goutte m'empêche de t'accompagner chez lui; je lui aurais répondu.... Mais vas-y, toi, vas-y sur-le-champ. Montre-lui cette feuille de papier que je signe en blanc, et dis-lui qu'il la remplisse de la somme qu'il lui plaira; j'y souscris d'avance, et te promets de te la donner.

» Jones remercie, saute de joie, fait des grimaces; puis montant soudain à cheval, il quitte le château pour n'y jamais revenir. C'est à Dublin qu'il dirige ses pas; là, il remplit ainsi qu'il suit le blanc-seing de milord :

« Mon cher Patris, plaignez-moi;

» la goutte qui ne me quitte guère,
» comme vous le savez, me prive du
» plaisir d'aller vous voir; mais je
» m'en dédommagerai, lorsque la
» mauvaise aura déserté mon logis.
» En attendant, je vous prie de re-
» mettre à mon cher Jones, à mon
» fils adoptif, que vous aimez autant
» que je le fais, la cassette en ques-
» tion, tout ce que vous avez à moi
» entre vos mains. Je retourne en
» ville, et ne crains plus que les bri-
» gands dont je suis entouré me
» prennent ces objets précieux. Jones
» vous en donnera un reçu ; c'est lui
» qui vous écrit sous ma dictée; car
» la goutte ne me permet que de
» signer,

» EDOUARD WILS. »

» Patris est d'abord étonné; mais il voit la signature de milord. Il connaît très-bien Jones Ploom, qu'il croit, ainsi que tout le monde, un jeune homme plein de rares qualités. Il lui remet donc, sans hésiter, la cassette avec sa clef, et Jones se retire, après en avoir donné un reçu, ainsi que le porte sa lettre. Quelle est la joie de ce misérable, quand après avoir réalisé les effets précieux de milord, il se voit possesseur de quinze mille livres sterling !... Mais laissons-le un moment, et venons consoler milord qu'un coup pareil, porté par un protégé, va frapper bien cruellement.

» Milord n'est pas surpris de voir s'écouler un jour ou deux, sans que Jones revienne; mais le troisième, il commence à s'inquiéter, non qu'il soupçonne le jeune homme d'infidélité, il en est à cent lieues; mais il craint pour sa santé, il redoute l'attaque des voleurs de la forêt. Huit jours se passent ainsi, et la surprise ainsi que l'inquiétude de milord sont à leur comble. Enfin il voit arriver Patris, qui, se trouvant dans le voisinage, vient lui rendre ses devoirs. Suit une explication qui cause à milord la plus vive douleur : Jones !..... Jones, abuser ainsi de sa confiance !.. C'est un misérable ! Il faut le retrouver, il faut le perdre. Milord est d'autant plus furieux, qu'il a tenu lieu de père à ce vil escroc, qu'il l'a élevé, qu'il le chérissait.

» D'abord, pour éviter que le voleur quitte l'Angleterre, porte le trésor dans un pays étranger, milord veut se faire passer pour mort. Il fait mettre dans tous les papiers publics qu'une attaque de goutte l'a emporté, persuadé que si Jones lit cette nouvelle, il ne s'expatriera pas. Ensuite milord met en campagne les agens de la police : on cherche Jones, mais on ne le trouve pas. Qui le croirait ? six années se passent en recherches infructueuses, et l'on ne doute plus que Jones n'ait passé les mers.

» Une pareille perfidie avait altéré la santé de milord ; on lui conseilla de se distraire, de voir un peu la cour, ses amis de Londres. En conséquence, il vint demeurer dans cette capitale, et se livra aux dissipations qu'offre la société : il vit du monde, visita des amis et les reçut chez lui.

» Un jour qu'il traversait la plus belle rue de la cité, dans la voiture d'un noble lord qui le menait au spectacle, ses yeux se portèrent sur une riche boutique de bijouterie qui était remplie d'acheteurs. Quelle est la surprise de milord Wils ! le marchand, qui est dans son comptoir, porte tous les traits de Jones Ploom ; c'est lui ! on n'en peut douter.

» Milord n'ose pas faire arrêter la voiture, mais il regarde bien la boutique pour la reconnaître, et le lendemain il s'y rend seul et dans le plus grand négligé. Avant d'y entrer, il regarde l'écriteau, et n'y trouve point le nom de Jones Ploom, mais celui de *Ned-Evan*, marchand, etc. Le drôle aura changé de nom ! se dit-il ; et il entre. Il ne voit qu'une très-jeune femme qu'accompagnent deux enfans, dont elle nourrit l'un de son lait. Madame, lui dit-il, est-elle l'épouse de M. Ned-Evan ? — Oui, monsieur. — Je désirerais lui parler. — Il est sorti et va rentrer dans l'instant. — Permettez que je l'attende. — Avec plaisir. — Il n'y a pas long-temps que madame est mariée ? — Cinq ans, monsieur ; mon mari venait

de s'établir.—Vous avez des enfans ?
—Trois.—Il fait de grandes affaires,
votre mari ? — Les plus grandes. Il
avait de la fortune. — Ne s'appelle-
t-il que Ned-Evan ? — Il n'a jamais
eu que ces noms-là. —Si je ne me
trompe, je l'ai connu ; il a été élevé
en Irlande?—Non, monsieur, il est
de Londres. — Vous a-t-il parlé d'un
seigneur nommé milord Wils ? —
Jamais, monsieur. — A-t-il des parens ? — Il était en bas âge quand il
les a tous perdus. Un héritage imprévu
qu'il fit, il y a à peu près six ans, d'un
oncle mort dans les îles, l'a enrichi,
et quand je l'ai épousé, il avait déjà
monté cette maison ; mais, monsieur,
ces questions ?.... — Pardon, madame, je vais faire trêve à mon indiscrétion.

» Milord vit clairement que la jeune
dame ignorait qu'elle eût épousé un

escroc, et il en frémit pour elle. Sur ces entrefaites, le prétendu Ned-Evan rentra, et resta frappé de terreur en reconnaissant milord. Ciel ! s'écria-t-il ; serait-ce l'ombre de milord Wils? — Ce n'est point son ombre, monsieur, c'est lui-même qui a deux mots à vous dire. Passons dans une pièce séparée; que votre épouse n'entende point....: — Milord, je vais vous conduire.

» Tous deux passent dans une salle. Jones Ploom est pâle ; ses genoux fléchissent ; il voit toute la profondeur de l'abîme qui l'attend, et tombe aux pieds de son bienfaiteur, en le suppliant de ne point l'accabler aux yeux de sa femme, qui ignore son crime. Milord, ajoute-t-il, tout ici est à vous ; je l'ai acquis avec votre trésor, reprenez tout ; je vais vous en faire la cession ; mais ne m'arrachez pas le masque d'honneur dont j'ai voilé ma turpitude. — Osez-vous, misérable qui ne vous êtes pas contenté d'être un ingrat, osez-vous me prescrire des lois quand c'est à moi à vous en dicter !... Faites néanmoins ce que vous venez de promettre ; signez-moi un abandon de tout ce que vous possédez, et je verrai après ce que j'aurai à faire.

Jones Ploom, intimidé, tremblant, signe tout ce qu'on exige de lui. Milord, sans ajouter un mot, prend le papier, sort en faisant un salut très-affectueux à la jeune femme, qui paraît fort inquiète. Elle veut faire des questions à son mari. Celui-ci sort à son tour sans lui répondre. Il veut suivre milord ; il arrive jusqu'à son hôtel, et lui demande la faveur de lui parler encore en particulier. Milord la lui refuse, et le coupable, malheureux maintenant parce qu'il sent son crime, parce qu'il est bourrelé de remords, va errant toute la soirée, une partie de la nuit, et termine son sort dans la Tamise, où son cadavre est retrouvé le lendemain.

» A cette triste nouvelle, qui afflige encore l'ame sensible de milord, il vole chez la veuve, qu'il trouve en pleurs : Madame, lui dit-il, je ne veux pas vous affliger par de funestes confidences ; qu'il vous suffise de savoir que tout ce qui était ici m'appartenait ; mais que, pour vous consoler d'un malheur affreux, tout est maintenant en votre possession. Voici l'acte de restitution que votre mari me fit hier, et voici l'acte que je viens de faire dresser, en vertu duquel tous vos biens vous sont rendus.

» Il était impossible sans doute de consoler une jeune femme frappée d'un coup aussi fatal qu'inattendu, et dont elle ignorait la cause. Elle était la victime d'un hymen précipité, formé sans examen ; mais milord voulait qu'elle ignorât à jamais la honte dont s'était couvert son coupable époux avant de l'épouser. Elle chercha en vain à pénétrer ce mystère ; milord resta toujours muet, et, grâce à ses bienfaits dont elle ne connaissait pas toute l'étendue, la veuve Ned-Evan (elle ignorait les autres noms du défunt) continua son commerce, l'un des plus brillans de la cité, et éleva ses enfans, auxquels elle laissa une fortune immense. »

QUATRIÈME PARTIE.

SOMMAIRE.

Emilio est gouverneur d'un jeune marquis. Deux mois passés à la campagne. Instabilité des choses humaines.

QUINZIÈME VEILLÉE.

LA JUSTICE DIVINE.

Quand Emilio eut fini son histoire, M. le comte de Gerville lui dit : C'est fort bien. Votre milord Wils fit l'imprudence de confier son blanc-seing à ce jeune homme ; mais ici, c'est sous mes yeux, c'est devant moi que je vous prie d'écrire vos conditions, et d'ailleurs vous n'avez aucun trait de ressemblance avec ce misérable Jones Ploom, qui s'est justement puni d'un crime vraiment impardonnable. Vous me direz qu'il avait l'air si doux que j'aurais pu lui accorder ma confiance comme je vous la donne en entier dans ce moment : j'en doute, mon cher ; un mauvais caractère soulève de temps en temps un coin du voile dont il veut se couvrir, et l'on n'est trompé que parce que l'on n'étudie jamais assez les trompeurs. Mais laissons cela. Voyons, acceptez-vous ? Edouard, joins tes instances aux miennes, peut-être triompherons-nous de l'excès de sa délicatesse.

Le jeune Edouard insista tellement; il s'y prit de si bonne grâce, qu'Emilio consentit à devenir son gouverneur, ou plutôt son ami, quoiqu'il sentît la distance qui le séparait d'un jeune homme à qui, malgré sa jeunesse, on donnait déjà le titre de marquis. Il en coûtait à Emilio d'annoncer à M. Dulandy qu'il le quittait ; il craignait que ce sage instituteur ne l'accusât d'un sordide intérêt. Le comte de Gerville se chargea d'expliquer au maître la cause toute naturelle de ce changement, l'intime union des deux jeunes gens qui désiraient de ne point se quitter. Emilio exigea aussi qu'on lui permît d'aller passer une semaine chez son ami M. Desbois, à qui il voulait faire part des bontés qu'on avait pour lui. Allez-y passer une semaine, lui dit le comte ; puis, à votre retour ici, nous partirons tous pour la campagne, où nous séjournerons jusqu'à la fin de l'automne : l'hiver nous réunira encore à Paris, et au printemps, mes jeunes gens partiront pour leur grand voyage. Voilà qui est très-bien arrangé comme cela.

M. Dulandy exprima à Emilio tout le regret qu'il éprouvait de le perdre ; mais il sentit que c'était pour son intérêt. En conséquence, Emilio, après avoir pris congé de tout le monde, partit pour la jolie campagne de la bonne famille Desbois, qui fut ravie de le revoir. Quand ces estimables gens surent que leur ami pouvait leur consacrer huit jours, ils éprouvèrent une joie encore plus vive ; mais, dès le premier et après le dîner, ils ne lui firent pas de grâce ; il fallut qu'il leur dît la fin de l'histoire du moine noir. Emilio ne se fit pas prier, et comme il portait toujours sur lui le manuscrit des veillées de son père, il prit le conte à l'endroit où il l'avait laissé.

Fin du père Sylvani, ou le Moine noir.

« Vous vous rappelez que le père Sylvani est retenu dans son lit par une fièvre chaude, que lui ont causée ses remords d'avoir immolé son propre fils à sa vengeance ?

» Deux religieux qui ne le quittaient pas, lui dirent, aussitôt qu'il eut un moment de calme, qu'un particulier, nommé M. Prinville, avait envoyé demander de ses nouvelles. — Prinville ? répondit-il ; je ne veux point le voir.... Que cet homme n'approche jamais de moi. Grand Dieu ! Prinville !.... Mais le.... le jeune homme..... son fils..... a-t-on entendu parler de lui ? De grâce, informez-vous si son fils, Auguste, est encore au nombre des vivans ; on dit qu'un monstre affreux l'a percé de coups : oh ! satisfaites le plus promptement possible ma vive curiosité.

» Les religieux envoyèrent soudain Cyprien chez Prinville, demander, de la part du père Sylvani, des nouvelles du jeune Auguste, auquel, ajouta-t-il, il s'intéressait beaucoup. — S'il s'intéresse à Auguste, se dit intérieurement Prinville, ce n'est donc ni lui, ni un de ses affidés qui l'ont assassiné. Mais, encore une fois, il paraît qu'on n'en voulait qu'à ma fille ! (*Il ajouta tout haut :*) Vous direz, Cyprien, au révérend père Sylvani, que mon fils n'est point en danger de perdre la vie, mais qu'il souffre cruellement. Aussitôt que le bon père qui vous envoie aura recouvré la santé, avertissez-m'en, afin que j'aie l'honneur de le visiter ; je serai reconnaissant de vos peines.

» Cyprien sortit et fut porter cette réponse au religieux, qui, satisfait de voir son fils hors de danger, reprit peu à peu ses forces et sa raison. De son côté, Auguste, secondé par sa jeunesse et par les soins qu'on lui prodigua, guérit tout-à-fait de ses blessures. Prinville alors, averti par Cyprien du moment où il pourrait voir le moine noir, se rendit chez lui, et entra dans sa cellule sans se faire annoncer, dans la crainte d'éprouver un refus. Le religieux était seul et convalescent ; un grand bonnet fourré lui cachait presque les yeux, et son menton était enfoncé dans une large cravate rouge; en sorte qu'il était difficile de distinguer ses traits. Quoi ! c'est vous ! dit Sylvani très-troublé; comment êtes-vous entré sans m'avoir fait demander si j'étais en état de recevoir du monde ? — Mon père, je.

ne conçois rien à cette espèce de courroux que vous cause ma présence. Pardon, mais... des.... soupçons...
— Des soupçons, monsieur! sur quoi? de quelle nature seraient-ils?
— Un de vos religieux a commis un attentat abominable! — Ce n'est point un religieux; c'est un misérable qui aura pris ce déguisement pour mieux se cacher. Pensez-vous que, dans cette sainte maison, il se trouve un individu capable d'un pareil crime?
— Je ne le crois pas; mais, vous, mon père.... — Comment? — Oserais-je vous demander d'où naît l'intérêt vraiment extraordinaire que vous avez pris deux fois à ce qui me concerne? intérêt qui a été poussé au point d'altérer votre santé.

» Le père Sylvani allait répondre avec dureté à cette question. Il sentit qu'en effet sa conduite pouvait paraître étrange à Prinville, aux yeux duquel il avait le plus grand intérêt à se voiler. Il prit le parti d'employer le mensonge et le manteau de l'hypocrisie. Tenez, lui répondit-il, mon cher monsieur Prinville, je veux être franc envers vous. J'eus autrefois un ami à qui il arriva à peu près la même aventure qu'à ce pauvre chevalier Desvillettes, dont vous m'avez confié les malheurs. Cet ami avait un fils, comme votre Auguste, mais plus jeune ; le séducteur de sa mère égorgea cet enfant presque sous mes yeux, et chaque fois que je me rappelle cette catastrophe, ou elle altère ma santé, ou elle aliène ma raison. Voilà la vérité. Votre confession, l'accident arrivé à Auguste, tout cela m'a troublé à un point !.... Je vous avouerai même que votre vue me fait du mal, parce que votre conduite envers Desvillettes a beaucoup de rapports avec celle du séducteur de la femme de mon ami ; mais je me répens de ces ridicules préjugés. Je serai, je veux être toujours votre directeur. Venez me voir avec confiance, et croyez que vous n'aurez jamais un ami plus sûr que moi... J'ose vous prier de me laisser... j'ai besoin d'être seul ; voici l'heure de mes prières et de mes méditations.

» Prinville ne savait que penser ; il voyait bien que le moine dissimulait, prenait des détours ; mais pourquoi ? et quel était donc cet homme singulier ? Il lui montra l'avis anonyme qu'il avait reçu le lendemain de l'accident d'Auguste. Sylvani fit l'étonné, prétendit qu'il fallait que Prinville eût des ennemis secrets, et l'engagea à ne faire aucunes poursuites, dans la crainte de plus grands malheurs ; puis il lui renouvela sa prière de le laisser seul ; et Prinville se retira, persuadé de plus en plus que le moine noir n'était pas étranger aux événemens qui venaient de se passer dans sa famille.

» Auguste était entièrement rétabli ; il se portait à merveille, et s'étonnait intérieurement de ce que son père n'avait pas fait plus de démarches pour découvrir son assassin, lorsqu'un matin il reçut une lettre ainsi conçue :

« *Jeune et intéressant Auguste... apprenez un secret que la malignité vous a caché jusqu'à ce jour. Vous avez assez d'âge et de raison pour avoir remarqué qu'on n'a pas fait de grandes perquisitions pour trouver et faire punir le monstre qui a pensé vous arracher la vie. C'est que l'on met peu d'intérêt à votre existence. Apprenez donc que Dulac*

H 2

n'est pas votre père. Dulac n'est pas même le nom de celui qui usurpe ce titre si doux. Il s'appelle Prinville, et sous ce nom il est chargé des crimes les plus odieux. Vous n'êtes point son fils encore une fois, et si vous en doutez, on vous en donnera des preuves. Osez ce soir, avant le coucher du soleil, suivre un petit pâtre qui s'arrêtera, en jouant de la musette, devant la porte de votre maison ; il vous conduira à un quart de lieue, dans une retraite où vous trouverez votre véritable père, qui brûle de vous serrer dans ses bras. Ne parlez point de cela à Dulac, et ne faites nulle question au petit pâtre, qui d'ailleurs n'y comprendrait rien, attendu qu'il n'est seulement chargé que de vous amener chez l'auteur de vos jours. Adresse, prudence, discrétion, et la nature triomphera. »

» On conçoit l'étonnement d'Auguste, qui apprend pour la première fois une pareille nouvelle. Dulac n'est point son père; mais il en a tous les soins, toute la tendresse. C'est une calomnie, une affreuse calomnie; et cette lettre anonyme vient peut-être du côté de ses ennemis, dont l'un a déjà frappé Auguste. C'est un piége qu'on lui tend; il n'ira point à ce rendez-vous donné d'une manière si mystérieuse. Auguste ne fera point à son père l'injure de croire à une fable aussi mal conçue. Si cela était vrai, cependant!..... il serait bien bizarre qu'on lui dît la vérité. Il est un moyen de s'en convaincre, c'est d'en toucher quelques mots à M. Dulac, mais d'une manière détournée. Il est au jardin, Auguste va le trouver sur-le-champ.

» Auguste court en effet rejoindre son

père, qui se promène. Il a l'air soucieux. M. Dulac s'en aperçoit : Qu'as-tu, mon cher fils ? lui demande-t-il avec intérêt. — Rien, mon père. — Pourtant je vois quelques nuages sur ton front. — C'est que.... c'est que je suis fâché d'avoir déchiré une lettre anonyme qu'on m'a écrite. — Une lettre anonyme ! de quoi s'agissait-il ? — Oh ! je n'ose vous le dire, mon père ; je l'ai déchirée parce que j'ai jugé dignes de mépris les mensonges dont elle était remplie. — Des mensonges ! je veux les connaître. Te rappellerais-tu ?... — Oh, de quelques-uns sans doute : on m'y disait que votre véritable nom n'est point Dulac.... que c'est Prinville que vous vous appelez... et... enfin que je n'ai pas le bonheur d'être votre fils.

» A chacune de ces phrases, qu'Auguste coupait à dessein, il remarquait que Prinville pâlissait, rougissait, changeait vingt fois de couleur. Son trouble s'accrut tellement, qu'il lui fut impossible de répondre. Auguste le voyant garder le silence, continua : J'ai regardé tout cela comme des calomnies, d'autant plus qu'on avait l'audace de vous accuser d'avoir, sous le nom de Prinville.... — Il sait tout ! s'écria celui-ci en couvrant sa figure de ses mains....

» Il s'éloigna. Auguste, au comble de l'étonnement, voulut le suivre. Le malheureux Prinville, incapable de déguiser la vérité, lui cria de loin : Auguste, Auguste, laisse-moi !.... Je n'ai rien à te dire ; je suis incapable de te répondre pour le moment.

» Prinville disparut, et Auguste, désespéré, vit clairement qu'on ne lui en avait point imposé. Il se promit dès lors d'aller au rendez-vous, et de demander l'explication de tout cela à son véritable père, s'il devait s'y trouver en effet.

» Prinville ne parut point au dîner; il avait fait dire qu'il ne rentrerait que le soir. Vers cinq heures de l'après-midi, un petit pâtre vint jouer de la musette devant la porte de M. Prinville. Auguste, devinant que c'est là son conducteur, pâlit, et ne sait s'il doit faire une démarche aussi hasardée. Il relit son billet, et bien persuadé, d'après le trouble de M. Dulac, que ce qu'on dit de lui n'est que trop vrai, il se détermine à suivre le guide qui se présente. En effet, dès qu'Auguste est sorti de la porte cochère, le petit garçon marche devant lui, et ne cesse pas de le précéder, toujours en jouant de son instrument champêtre. Ils font ainsi plusieurs détours dans la campagne, et Auguste se hasarde à demander à l'enfant s'il a encore beaucoup de chemin à lui faire faire comme cela. — Non, monsieur, répond le petit, nous y voilà, à la première maison, tout à l'entrée de ce bois. — Comment, un bois ! — Oh, ne craignez rien, allez, ce sont d'honnêtes gens. Le monsieur m'a donné une grosse pièce d'argent, seulement pour vous amener ; mais il m'a bien recommandé de ne rien vous dire ; aussi vous voyez que je ne vous dis rien, parce que je ne sais rien. Entrez, tenez, entrez dans c'te maison-là ; moi, je ne suis plus utile ici ; j'm'en vas.

» Auguste voit une maison isolée en effet à l'entrée d'un bois, mais d'une assez belle apparence. Un jeune homme est sur la porte, qui, prenant la main d'Auguste de la manière la plus affectueuse, lui dit : Daignez m'accompagner, monsieur, et ne redoutez rien, de grâce ; un fils doit-il craindre quelque danger dans la maison de son père ?

» Auguste éprouve des étourdissemens ; il est tout tremblant, et ses genoux fléchissent sous lui.

» Pour qu'on puisse concevoir ce qui va se passer, nous devons en donner d'avance l'explication.

» Le fidèle agent du père Sylvani, Lély, faisait partie d'une bande d'intrigans qui, pour de l'or, favorisaient toutes les passions des grands ou des gens riches. Cette compagnie avait acheté, sous le nom d'une prétendue veuve, leur confidente, une maison de campagne qu'ils prêtaient, suivant les cas, à ceux qu'ils servaient. C'était tour à tour, ou l'asile secret de l'amour, ou l'antre de la jalousie, ou le repaire du crime. Les amans cachaient là leurs maîtresses enlevées à des tuteurs ou à des parens toujours prétendus sévères. Les méchans s'y défaisaient sourdement de leurs victimes, et bien des gens disparaissaient de la société, sans qu'on sût ce qu'ils étaient devenus. Le père Sylvani fut à son tour propriétaire de cette maison, pour un jour seulement ; c'est-à-dire que Lély la lui fit louer pour qu'il pût y voir son fils. Le moine noir, en y entrant, avait jeté son froc aux orties, et s'était habillé de riches vêtemens de laïque. Une perruque artistement faite cachait sa tête pelée ; et sous l'habit galonné, l'épée au côté, il était entièrement méconnaissable.

M'amènes-tu mon fils, Fabricio ? dit-il à Lély qui entrait. — Oui, monsieur le chevalier, voilà votre cher fils Auguste; et la confiance de ce jeune homme, qui est venu sur un simple avis non signé, mérite bien de trouver sa récompense dans vos embrassemens paternels.

» Quoi, monsieur! s'écrie Auguste, en tombant aux genoux du moine, est-il vrai que je sois votre fils? — Vous l'êtes, jeune homme; je suis votre père, Auguste, et en voici des preuves convaincantes : mon contrat de mariage avec votre mère Apolline d'Estré, votre acte de naissance, mon portrait, celui de votre mère, le vôtre, les noms des témoins, des parrain et marraine, la signature de votre prétendu père lui-même, de Prinville, apposée au bas de ce contrat. Connaissez-vous sa signature? — Oui; mais jamais il n'a signé Prinville. (*Regardant.*) Oui, oh, c'est bien là son

son écriture. Mais qui est-il donc enfin s'il n'est pas mon père? — Il fut jadis mon ami; puis il me ravit votre mère, et causa sa mort prématurée..... Le scélérat ! écoutez, écoutez.

» Sylvani raconte ses aventures à Auguste, qui frémit des torts de son bienfaiteur et ose à peine y croire. Cependant, son trouble de tantôt.... Oh, ce n'est que trop la vérité ! oh, dieu ! s'écrie-t-il, pourquoi n'avoir pas laissé toujours un bandeau sur mes yeux !.... Mais, monsieur, qu'êtes-vous donc devenu depuis un si long temps? — Un voile impénétrable m'a caché jusqu'à ce jour à tous les regards, et va m'y soustraire encore pour long-temps; mais je veillerai sur vous, mon fils, comme je l'ai fait jusqu'à présent. Juge de ma douleur, mon cher Auguste, quand j'ai appris qu'un lâche assassin !... Ah, c'est sans doute ton prétendu père qui a dirigé son bras ? — Lui ? oh ! l'horreur ! — Il est capable de tout. Il me déteste ; il ne peut t'aimer. — Lui, dont la tendresse vraiment paternelle m'a toujours comblé de bienfaits ! — Enfin, c'est un étranger pour toi ; il me serait odieux de te le voir préférer à l'auteur de tes jours. Parle-lui du malheureux chevalier Desvillettes. Mais non, tu n'auras plus d'occasion de le voir. Mon fils !.. Voici une bourse pleine d'or, et une lettre de recommandation pour un armateur de mes amis qui veut bien te donner une place à bord de son vaisseau. Il faut que tu partes à l'instant pour la Rochelle, et là, tu embarqueras jusqu'à Philadelphie. — Quoi ! vous voulez ?... — Je l'ordonne. — Monsieur !... Est-il permis d'ordonner en père, quand, par une longue suite de tendres procédés, on n'a pas donné des preuves de ce titre sacré? — Que veux-tu dire? — Les droits d'un père ne sont fondés que sur la reconnaissance et sur la tendresse filiale. Je n'obéirai point à celui qui ne me réclame que pour faire mon malheur. — Qu'entends-je! — Eh! qui m'assurera que je suis réellement l'individu que désignent cet acte de naissance, ce contrat de mariage? devez-vous, sur un soupçon?... — Ce n'est point un soupçon, Auguste. Prinville sait très-bien que vous êtes mon fils, le fils du chevalier Desvillettes et de l'infortunée Polline. Je veux bien, pour vous convaincre, vous permettre de retourner ce soir chez lui : vous lui montrerez votre acte de naissance, que je vous confie; vous lui apprendrez que j'existe, et vous lui demanderez si j'en impose. Quand vous serez bien sûr des droits que j'ai sur vous, j'espère que je ne vous trouverai plus rebelle à mes ordres, aussitôt qu'il me plaira de vous les renouveler. Allez. — Mais, monsieur, s'il est vrai que je vous doive la vie, ne me direz-vous point ce que vous êtes, si c'est ici votre domicile, où je puis enfin avoir le bonheur de vous retrouver ?... — Un second avis vous apprendra le jour, l'heure, le lieu où nous pourrons nous revoir; mais ne m'amenez point votre Prinville ; gardez, par votre indiscrétion, qu'il suive vos pas ; sinon je l'étends mort à vos pieds. Adieu....

» Le père Sylvani lance un regard sévère au jeune homme qui se retire, agité par les plus tristes réflexions. Il examine bien les dehors de la maison pour la reconnaître ; puis il retourne lentement vers sa demeure. A peine a-t-il fait quelques pas dans la campagne, qu'il rencontre son père adoptif, Prinville lui-même, qui s'y promenait absorbé dans ses tristes pensées. Auguste, dit-il, que fais-tu ici, si tard? — Ah, monsieur, je suis au désespoir !... Je viens de voir mon père. — Ton père ! — Oui, le chevalier Desvillettes. — Desvillettes ! grand Dieu ! il existerait ! — Il existe, je viens de lui parler. Serais-je en effet son fils ? — Ne m'interroge pas. — Cet acte de naissance ? — Voyons. (*Il lit.*) Je suis anéanti. — Eh bien, cet acte de naissance?... — C'est le tien.... Mais où est-il, cet infortuné Desvillettes ?

» Auguste, redoutant les effets de la haine que le chevalier a vouée à Prinville, dissimule sur cette question ; il feint qu'un rendez-vous lui a été

3

donné dans un carrefour du bois; que là il a trouvé son père, qui lui a confié tous les détails relatifs à sa naissance, et qu'après cette explication, le chevalier est monté à cheval et a disparu. Prinville, étonné de plus en plus de l'existence d'un homme qu'il croyait mort depuis bien des années, se fait donner son signalement; et comme on sait que le moine noir avait pris des habits bourgeois, Prinville ne doute plus que ce ne soit le véritable Desvillettes qui lui a écrit de ne point chercher à connaître l'assassin d'Auguste.... Mais ce n'est pas Auguste qu'on voulait sacrifier, c'est Elvine. Voilà tout expliqué : le furieux et vindicatif Desvillettes voulait se venger de Prinville, en immolant sa fille, en le privant de ce qu'il avait de plus cher !... Lui, ou l'un de ses agens, se sera déguisé sous le costume respectable d'un religieux pour commettre ce crime affreux. Le ciel l'en a puni ; ses coups sont tombés sur son propre fils !...

» Prinville est accablé sous le poids de tant de réflexions douloureuses, qu'il n'a plus la force de parler. Auguste et lui arrivent, sans se dire un mot, jusqu'à la maison, où Prinville adresse enfin ce discours à son fils adoptif : Tu sais tout maintenant, Auguste ; tu ne vas plus voir en moi que le séducteur de ta mère, et tu me haïras! ah, si tu soupçonnais combien je me suis repenti des torts de ma jeunesse !... Croyant ton père privé du jour, je t'ai adopté, je t'ai élevé ; tu sais si je ne t'ai pas donné constamment toutes les marques de la plus vive tendresse. Me puniras-tu de cette conduite, réparatrice de mes fautes, par la haine, par le mépris ? Le mépris ! il serait trop insultant pour moi ; je n'y survivrais pas. Quant à ta haine, je ne crois pas l'avoir méritée. Je pouvais t'abandonner ; je ne l'ai pas fait : j'ai pensé que le ciel m'ordonnait d'élever l'orphelin, et je l'ai confondu avec ma fille dans mon cœur pénétré de regrets, plein de tendresse pour ton enfance. Voilà mes torts, Auguste, qu'en penses-tu ?

» Pour toute réponse, le jeune homme serra dans ses bras son père adoptif, en mouillant ses joues des pleurs de la reconnaissance.

» Le lendemain Prinville, curieux de pénétrer de plus en plus dans le cœur double et perfide du père Sylvani, alla le voir à son couvent. Il se fit annoncer et reçut la permission d'entrer. Il trouva le moine noir à genoux devant un prie-dieu, et priant avec la plus grande ferveur. Mon père, lui dit-il, je n'ose pas penser que vous ayez commis quelque indiscrétion relativement à la confession que je vous ai faite de mes fautes. — O ciel ! me croiriez-vous capable de trahir les secrets des consciences ? — Cependant, le chevalier Desvillettes, qui n'est point mort comme je le croyais, sait tout ; il a tout appris, hier, à mon jeune Auguste. — En vérité ? — Cet homme a une soif insatiable de vengeance. Ne pourriez-vous, mon père, le voir, lui parler, lui peindre mes remords, ma conduite envers son fils ? Vous êtes mon seul confident ; votre ministère vous ordonne de rétablir l'ordre, la paix ; il vous fait un devoir de la médiation que j'ose vous demander entre un fou furieux et un coupable qui se repent. — Je ne connais point votre ennemi, monsieur ; mais je crois qu'à sa place je serais bien courroucé contre vous. Vous vous targuez d'avoir élevé son fils ; mais, répondrait-il, qui vous a chargé de ce soin ? pourquoi ne le laissiez-vous pas à son père ? Vous enlevez cet enfant, et vous voulez qu'on soit reconnaissant de...... de quoi, je vous le demande ?..... Au surplus, si vous pouvez me procurer un entretien avec le chevalier Desvillettes, je verrai, je..... je tâcherai d'adoucir son ame justement ulcérée. Quand vous aurez découvert son domicile, vous me le ferez savoir, et je ferai tout mon possible pour vous réconcilier.

» Le moine fit signe de la main à Prinville de sortir, pour le laisser continuer ses exercices de piété, et Prinville se retira, étonné de plus en plus de la sévérité avec laquelle ce religieux le traitait.

» Rentré chez lui, il crut voir qu'Auguste lui témoignait un peu moins de tendresse que la veille. Il pensa que peut-être il avait reçu une nouvelle lettre de son père, et, l'après-midi, il le pria de l'accompagner dans une promenade qu'il voulait faire au bois voisin. C'était précisément celui à l'entrée duquel se trouvait la maison où Auguste avait retrouvé son père, et qu'il croyait lui appartenir. Auguste avait, en effet, reçu un nouvel avis secret de s'y rendre le même soir, et la compagnie de Prinville mettait un obstacle à ce second rendez-vous. Cependant, comme il était de très-bonne heure, il pensa qu'il aurait le temps de faire quelques tours du bois avec Prinville, et qu'il prendrait ensuite un prétexte pour le quitter à l'heure indiquée pour voir son père. Auguste sortit donc avec Prinville, quoique le temps les menaçât tous deux d'un violent orage. En passant devant la maison isolée, Auguste fut bien surpris de la voir entourée de sbires et de gens de justice qui semblaient en garder toutes les issues. Un mouvement involontaire de surprise et de terreur le porta à faire cette question à l'un des gardes : O ciel ! viendrait-on arrêter M. le chevalier Desvillettes ? — Qu'est-ce que vous parlez de chevalier Desvillettes ? lui répondit le sbire. — Eh oui, n'est-ce pas là sa maison ? — Vous vous trompez, monsieur ; cette maison-ci est un repaire à voleurs, à brigands de toute espèce. La police, avertie de tous les crimes qui s'y commettent, nous envoie pour arrêter les intrigans qu'on y trouvera dans ce moment : ils ne nous échapperont pas ;

plus de vingt de nos camarades sont là dedans. — Grand Dieu !

» Auguste se perd dans ses réflexions. Il les communique à Prinville, et lui apprend que c'est dans ce lieu même que, la veille, il a revu son père. Desvillettes serait-il du nombre de ces misérables dont la justice va s'emparer !....

» Nos deux amis ne comprennent rien à cette énigme. Ils font le tour de la maison, dont les jardins sont très-vastes et se prolongent dans les taillis touffus du bois. Vers un angle où le mur est un peu dégradé, ils aperçoivent derrière ce mur, et dans l'intérieur du jardin, la tête d'un homme, puis bientôt ses épaules, ses bras et tout son corps. Ce qu'il y a de singulier, c'est que cet homme, qui paraît chercher à s'échapper, est vêtu en religieux de l'ordre des moines noir ; il s'agite et semble très-pressé d'escalader le mur, ce dont il vient bientôt à bout : mais il aperçoit soudain Auguste et Prinville qui sont devant lui arrêtés à le regarder, et, dans son trouble, les prenant pour des sbires, il se jette à leurs pieds en s'écriant : Ne me perdez pas, oh, ne me perdez pas ! voilà de l'or, tout ce que je possède !

» O surprise ! Prinville reconnaît le père Sylvani, et Auguste son père. Vous, mon père, dit Auguste, sous cet accoutrement ! — Desvillettes, dit à son tour Prinville ! Et vous m'avez trompé en me déguisant votre véritable nom !

» Entrons dans ce bois, leur répond le moine, qui pâlit en les reconnaissant tous les deux ; cette place n'est pas sûre pour moi. Il y a longtemps que je brûle d'avoir une explication avec toi, lâche Prinville; le moment en est venu, crains tout de ma fureur.

» Il marche devant comme un furieux, et Prinville ainsi qu'Auguste le suivent sans savoir ce qu'ils font; car ils sont eux-mêmes très-troublés; ils ne s'aperçoivent même pas que la pluie commence à tomber, et que de violens coups de tonnerre se succèdent de la manière la plus effrayante.

» Quand ils sont dans un endroit bien écarté, le moine prend la parole en ces termes : Ici je n'ai plus rien à craindre, et je puis m'y venger d'un monstre tel que toi. Apprends, avant que je ne te sacrifie aux mânes de Polline, apprends que tu as pensé me faire commettre le crime le plus affreux : c'est ta fille que je voulais immoler à ma juste vengeance, lorsque, trompé par une fausse indication d'un de tes gens, j'ai levé mon bras furieux sur mon malheureux fils. — Quoi ! c'est vous ?.... — C'est moi-même qui ai porté ces coups dont je me suis après cruellement repenti.... Juge combien je dois t'en haïr davantage ! — Mais vous connaissiez mes remords, moine impie, sacrilége et barbare ; vous saviez !.... — Eh que m'importent tes remords ! me rendront-ils ma femme, cette adorée Polline d'Estré, dont tu causas la mort ? Va, malheureux, va les lui peindre à elle-même ces remords tardifs, et ne souille plus la terre de la présence d'un monstre tel que toi !

» A ces mots, le père Sylvani tire un pistolet de dessous sa robe. Auguste, au désespoir, veut le lui arracher, il n'en a pas le temps.... La foudre tombe ; elle écrase le moine noir avant qu'il ait pu lâcher son coup..... Juste vengeance divine qui frappe le coupable, seul, au milieu de deux êtres dont il voulait combler le malheur !

» Ainsi périt ce moine féroce, dont l'ame impie ne méditait que des crimes.

» Auguste, humilié de devoir le jour à un homme pareil, et pénétré de reconnaissance pour le bon Prinville, qui ne le punissait pas des torts de son père, passa sa vie auprès de ce digne bienfaiteur, et fut vraiment pour lui un fils soumis autant que tendre et respectueux. »

SEIZIÈME VEILLÉE.

LA BONTÉ.

Les huit jours accordés à Emilio pour revoir la famille Desbois, se passèrent trop vîte au gré de ses souhaits. Il lui fallut s'en séparer, et ce ne fut pas sans de vifs regrets de part et d'autre. Emilio avait reçu de ces bons amis le plus touchant accueil. M. Brion seul lui avait un peu battu froid. M. Brion lui en voulait intérieurement d'avoir quitté son ami Dulandy, qui faisait le plus grand cas des talens de notre jeune homme, et qui le chérissait comme un père. De son côté, Emilio sentait que

M. Brion avait raison de le bouder. Emilio s'accusait d'ingratitude envers le digne instituteur ; il avait cédé trop vite et trop légèrement aux instances du comte de Gerville ; il n'attendait que de l'ennui, et peut-être pis que cela, dans la société d'aussi grands seigneurs au milieu desquels il se trouvait fort déplacé ; mais enfin il avait donné sa parole, il devait la tenir, et d'ailleurs il aimait vraiment le jeune Edouard, qui avait toutes les qualités du cœur et de l'esprit.

Emilio revint donc chez le comte de Gerville, à Paris. On n'est pas plus aimable que vous, lui dit le comte ; vous tenez à merveilles votre promesse; et j'y comptais si bien, que j'ai tout fait préparer afin que nous partions demain matin pour ma terre de Gerville, qui n'est qu'à douze lieues de Paris ; nous y arriverons à l'heure du dîner. Mon parent, le baron d'Espardillac, sera du voyage, et une nièce à lui, fort jolie, que vous ne connaissez pas encore, embellira notre hermitage; car une maison de campagne où il n'y aurait point de femmes serait un véritable désert pour moi. Point de lectures, point de travaux aujourd'hui; nos jeunes gens seront libres de se promener; et pour terminer agréablement la soirée, je leur donne ma loge aux Italiens. Nous allons être pendant trois grands mois privés du spectacle, il faut en profiter aujourd'hui.

Emilio n'avait jamais vu un théâtre; on juge du plaisir qu'il y goûta. La pièce qui le charma surtout, fut *Philippe et Georgette*. Il en parla pendant tout le souper. Ce trait, ajouta-t-il, d'une jeune fille qui sauve un malheureux soldat proscrit, me rappelle une histoire du même genre, et qui offrirait, je n'en doute pas, le même intérêt, si quelque auteur aussi habile que *Monvel* la mettait en scène. La voici, telle que mon père nous l'a racontée.

LE JEUNE FIFRE,

ou *les amours d'Alexis et de Michelette.*

« Dans une petite ville des frontières (il y a long-temps de cela, car mon grand-père Palamène a connu les héros de cette histoire), dans une petite ville, dis-je, existait un pauvre bûcheron, nommé Michel. Veuf depuis un an, il n'avait pour compagne, pour unique consolation qu'une fille, Michelette, qui était la douceur et la bonté mêmes. Michelette, à seize ans, ne connaissait d'autre plaisir que celui de soigner son père, de lui faire, comme disent les bonnes gens, son boire et son manger, et de le lui porter tous les jours dans la forêt, où ce brave homme travaillait. Michel partait de bon matin ; sa fille faisait le ménage ; puis à onze heures, quelque temps qu'il fît, elle mettait ses provisions dans un panier, allait rejoindre Michel, et tous deux faisaient sur l'herbe un repas qu'assaisonnaient l'appétit et la gaîté.

» Il y avait une lieue de l'habitation de Michelette à la forêt ; et comme le chemin, totalement découvert, n'offrait aucun abri, si la pauvre fille était glacée l'hiver par la rigueur du froid, l'été, elle recevait à plomb les rayons brûlans du soleil, ce qui l'importunait davantage ; car dans la saison des frimas, à peine était-elle arrivée au rendez-vous, que Michel faisait du feu, et le repas champêtre se faisait auprès de ce feu réparateur.

« Un jour du mois de juillet, au milieu d'un des étés les plus chauds qu'on ait jamais vus, Michelette ferma à onze heures sa porte à double tour, et partit, suivant son usage, pour aller porter le dîner à son père. A peine avait-elle fait la moitié du chemin, qu'elle entendit des gémissemens, des soupirs profonds qui paraissaient sortir d'un fossé assez creux qu'elle avait coutume de franchir à chacun de ses voyages. En plein jour, dans une campagne très-sûre, Michelette ne craignait pas de faire aucune fâcheuse rencontre. Elle pensa avec chagrin que quelqu'un souffrait, et son bon cœur la porta à courir au-devant de l'infortuné qui se plaignait. Elle aperçut en effet dans le fossé un jeune soldat trempé de sueur, dont les pieds étaient ensanglantés, et qui paraissait prêt à perdre connaissance. D'abord Michelette eut peur ; mais en examinant cet être souffrant, la compassion l'emporta sur sa timidité, et elle lui dit : Pauvre jeune homme, qu'avez-vous ? qui vous fait gémir ainsi ?

» Le blessé, ouvrant deux grands yeux bleus, les jette sur elle, et lui répond avec un de ces accens dont la douceur porte au cœur : Je meurs de faim et de soif; je meurs si l'on ne me secoure ; et ce qui m'afflige le plus, c'est que je meurs déshonoré. — Déshonoré ! — Oh, à jamais. Jeune et intéressante créature, est-ce le ciel qui t'envoie pour me rendre à la vie ? Que portes-tu là ? — Le dîner de mon père et le mien. Que je suis heureuse de pouvoir vous offrir ma part, mais ma part seulement; car mon père, qui travaille plus que moi, a plus que moi besoin de boire et de manger. Tenez, jeune soldat, voilà d'abord du vin, et du vin qui est naturel et bon, car nous le récoltons nous-mêmes. Buvez cela..... Bien, cela va déjà vous donner des forces. Voilà maintenant de la soupe.... Oh, comme il dévore! comme il avait faim!... Pauvre jeune homme!... Mangez maintenant de ces choux au lard, et puis je vous donnerai après un peu de ces gros pois que j'ai assaisonnés avec de la bonne graisse de notre cochon. Il mange sans me dire un mot, mais il me regarde.... il me regarde avec une expression qui.... qui me fait rougir.... Oh, je vais tourner la tête d'abord; je ne puis plus soutenir vos regards, qui me font là, au cœur, un mal que je ne saurais définir. — Mademoiselle.... — Ah, voilà une parole enfin ! Eh bien, mademoiselle ?— Comment reconnaîtrai-je jamais le service que vous me rendez ? — Oh, je ne désire pas que l'occasion s'en présente. Vous souffrez, je vous offre des secours, c'est tout simple ; mais il serait imprudent à moi de former par la suite une liaison avec vous.

» Le jeune militaire lui prend la main, la serre sur son cœur, et répond : Bonne petite, si vous connaissiez toute l'étendue de ce service ! apprenez.... — Mangez, vous parlerez après. — Oh, je puis vous parler en achevant ce mets, qui est délicieux. Je suis militaire, vous le voyez ; je suis fifre dans un régiment de dragons, et mon nom est Alexis. Mon régiment est caserné à six lieues d'ici, et part ce soir pour une autre destination. Comme j'ai le bonheur d'être estimé de mes chefs, j'ai obtenu hier la permission d'aller voir ma mère, qui demeure au-delà de cette vaste forêt que vous voyez là-bas. Je la quitte ce matin à quatre heures; je l'embrasse, elle me donne sa bénédiction; elle ajoute à ce don inappréciable celui de quatre louis et de quelques provisions que je portais dans mon havresac; mais à peine suis-je entré dans cette sombre forêt, qu'il en sort quatre déserteurs, quatre misérables qui ont quitté la carrière de la gloire pour se faire voleurs de grands chemins; ils se jettent sur moi, ils me terrassent, ils me meurtrissent de coups, et me volent le peu que je possédais. Jugez de ma situation; elle était affreuse. Il y a deux heures tout au plus que j'ai trouvé la force de quitter ce repaire, où j'étais resté étendu sans rencontrer qui que ce fût. Je me suis traîné dans cette plaine ; mais ma faiblesse, la chaleur insupportable du jour et le défaut d'alimens m'ont fait tomber dans ce fossé, où je serais mort, si Dieu n'avait envoyé à mon secours un de ses anges, un de ses anges véritables.

» Michelette rougit et l'interrompt en disant : Ne parlez donc pas en ces beaux termes d'une chose si naturelle, et continuez votre récit sans vous occuper de moi.

» Alexis réplique : Comment pourrais-je ne pas m'occuper de vous quand vous m'avez rendu l'honneur ? je vais vous le prouver. Si je ne vous avais pas rencontré, si j'étais mort là, dans ce fossé, j'aurais manqué ce soir à l'appel ; et comme mon régiment part, un ordre du jour, d'hier, porte que tout militaire qui manquera ce soir à l'appel, sera déclaré déserteur et traité comme tel. Moi, ô ciel! moi! j'aurais été accusé de désertion, moi, que mes chefs accablent de bontés, et qui ai, j'ose le dire, donné quelques preuves de valeur, d'attachement à ma patrie! cette idée me glace d'horreur!... A présent que j'ai recouvré mes forces, je vais rejoindre mon corps, et me trouver, à l'heure de l'appel, au poste de l'honneur.

» Il se lève. Et comment marchera-t-il? s'écrie Michelette; il a les pieds tout en sang. Allons, rasseyez-vous là, monsieur; en déchirant mon tablier, je pourrai panser aisément vos plaies.

» Aussitôt fait que dit: le tablier est bientôt en loques, et elles entourent les blessures du jeune homme, qui, en admirant sa généreuse bienfaitrice, lui dit: Que de bontés!.... Votre nom? — Michelette. — Eh bien, Michelette, vous vous privez donc de tout pour moi ! — Est-ce que je n'ai pas un autre tablier de travail pour la maison, et puis mon beau tablier des dimanches ?... Mais aurez-vous la force de faire encore six lieues ? — Il n'est pas midi ; je me reposerai. — Oh, oui, reposez-vous... J'oubliais ; si vous aviez besoin de prendre quelque chose en route ; tenez, refuserez-vous le seul écu de six francs que je possède ? c'est un cadeau de mon père, le jour de sa fête ; je gardais cet écu-là, parce qu'il est à la vache : il m'a bien porté bonheur en effet, puisqu'il peut faire aujourd'hui un heureux. — Que faites-vous, Michelette ? j'accepterais... Oh, non, non. Adieu, adieu, Michelette ; je pars, le temps me presse. Adieu.

» Il s'éloigne et revient : — Michelette ? — Monsieur Alexis? — Est-ce que nous ne nous reverrons plus ? — Je ne le crois pas.

» Un gros soupir accompagne ces mots de la jeune personne. — Où loges-tu, bonne, très-bonne Michelette ? — Dans ce faubourg de la ville, là-bas, en face du pont.... Mais, est-ce que j'y pense donc, de vous donner notre adresse ? — Adieu, Michelette : amour, espoir, le ciel fera le reste.

» Il était déjà bien loin, hors de vue, que Michelette le regardait toujours, droite, immobile à la même place, les bras pendans, l'œil fixe et la bouche toute grande ouverte. Un si beau jeune homme avait fait une impression profonde sur son cœur, et de son côté, Alexis emportait dans le sien l'image chérie de la toute jolie Michelette. La pauvre petite revint pourtant de son extase, et remettant le reste de ses provisions dans son panier, qu'elle prit à son bras, elle s'achemina vers la forêt périlleuse où le jeune fifre avait manqué d'être assassiné : elle y pensa. Elle était si distraite en abordant son père, que celui-ci s'aperçut de son embarras et lui en demanda la raison. Mon père, lui répondit-elle, vous ne savez peut-être pas qu'il y a des voleurs dans cette forêt ? — On le dit ; mais je n'en ai jamais vus. Et d'ailleurs, que me feraient-ils ? je n'ai jamais rien sur moi. — Oh, il y en a bien certainement, mon père. — Comment le sais-tu ? — C'est que j'ai rencontré... On me l'a dit, mon père. — Tu as rencontré ? on te l'a dit ? quel galimathias me fais-tu ? et d'où vient cet air gauche, embarrassé ? tu es toute pâle. — Au contraire, mon père, je suis rouge, je dois être rouge; tenez, mettez votre main sur ma joue, là; voyez-vous que j'ai mes grosses couleurs comme à l'ordinaire? — Je ne vois pas cela du tout. Tu as chaud, parce qu'il fait très-chaud aujourd'hui.... Tu m'as un air.... un air qui ne t'est pas naturel. — Pourquoi donc, mon père? je suis comme cela tous les jours.

» La jeune fille qui dissimule à son père une rencontre, et l'effet que cette rencontre a produit sur son cœur, est prise d'amour : notre chère Michelette aimait dès ce moment et devait aimer toute sa vie.

» Michel crut que l'ardeur des rayons du soleil avait dérangé le cerveau de sa fille; mais son étonnement fut plus grand, quand il vit qu'elle ne dînait pas avec lui, et qu'à peine elle lui apportait ce qu'il lui fallait. Nouvelles questions du père ; réponses toujours évasives de la fille, qui prétexte avoir dîné à la maison, et mille autres excuses auxquelles Michel n'ajoute aucune foi. Il secoue la tête, Michel ; il se doute qu'on lui cache quelque secret : mais il le découvrira ; il va si bien guetter l'innocente qu'il le devinera ; pour cela, il faut se taire, ne plus questionner, afin qu'on ne se mette pas sur ses gardes. Il dîne donc, et ne donne rien à la pauvre enfant, qui revient, le soir, bien affamée à la maison, où elle dévore en cachette un énorme morceau de pain.

» Dès ce moment, et pour mieux la surveiller, Michel retarde les heures de son départ pour la forêt ; il lui fait faire son petit tracas devant lui, et l'emmène, en lui ordonnant de ne plus mettre dans son panier à provisions que des mets froids. Il est bon père, il chérit sa fille, mais il sait qu'elle a seize ans, qu'elle est jolie, et que l'amour peut enlever une fleur qu'il destine à l'hymen. Michel se promet depuis long-temps de la marier au fils d'un vigneron, son voisin, son ami, et il est bien décidé à éconduire tous les prétendans qui se présenteront. Michelette sait cela; elle voit tous les jours, sans peine comme sans plaisir, l'époux qu'on lui destine, et c'est un des motifs du silence qu'elle a gardé sur la rencontre d'Alexis. Quand elle y pense (et elle y pense sans cesse), elle se reproche bien d'avoir donné son adresse à ce militaire, qui peut se présenter imprudemment chez son père, la suivre obstinément partout, la compromettre en un mot..... Si c'était avec cela un libertin, un mauvais sujet !... Oh, non, non : il a les traits si doux, le son de voix si enchanteur ! il est bon fils et il a de la religion ; car il a parlé de Dieu avec un respect qui annonce de bonnes mœurs, d'excellens principes.... Mais le reverra-t-on ? Oh, jamais ! Un militaire, cela va où on l'envoie ; et s'il allait être tué sur le champ de bataille ! affreuse idée ! Au surplus, ce malheur, Michelette l'ignorera, et si elle n'entend plus parler de lui, elle préférera le soupçonner d'infidélité, plutôt que de le savoir mort.

» Michelette évitait de faire ces réflexions devant son père, qui aurait encore remarqué ses distractions. Michel la voyant reprendre sa santé, son enjouement, pensa qu'il était inutile de prendre des précautions qui le gênaient lui-même. Il reprit son premier genre de vie, et Michelette ne partit

partit pour la forêt qu'à onze heures, comme autrefois.

» Elle ne manquait jamais, en allant et en revenant, de s'arrêter au fossé où elle avait secouru le beau jeune homme. Là, elle le voyait encore, elle lui parlait, elle lui demandait s'il l'avait oubliée, s'il reviendrait ; et, comme Nina, elle s'éloignait, en se disant avec un soupir : *Le bien-aimé ne revien' pas.*

» Un soir qu'elle et son père étaient rentrés, des voisines officieuses leur dirent qu'il arrivait un régiment qui devait rester une quinzaine de jours dans la ville. En effet, des tambours, une musique militaire se firent entendre de loin ; et le régiment, passant sur le pont qui était en face des croisées de Michel et de sa fille, défila sous leurs yeux. Tandis que le papa Michel admirait la belle tenue de cette troupe, le cœur de Michelette battait violemment. Elle faisait des vœux pour que ce régiment fût celui dans lequel Alexis était fifre, sans penser qu'il aurait fallu un hasard bien singulier pour que cela fût. Quand la musique passa, elle tendit le cou pour examiner chacun des militaires qui jouaient du fifre ; et comme il faisait encore assez jour, elle put distinguer leurs traits... Hélas ! aucun de ces musiciens n'avait la taille ni la belle figure de son Alexis; tous étaient petits et laids. Il n'est donc pas là ! se dit-elle.... Mais une remarque : ces soldats ont juste l'uniforme d'Alexis !... Ce n'est pourtant pas son régiment, car il serait là à jouer du fifre avec les autres. Michelette se retira de la fenêtre, et prétexta ce soir-là un mal de tête, pour cacher à son père le trouble qui l'agitait.

» Quelques jours après, c'était un dimanche, Michel et sa fille furent invités à aller souper chez un de leurs amis, qui demeurait de l'autre côté de la rivière, en face de la tour gothique d'un vieux château. Ce vieux château, abandonné depuis des siècles, servait maintenant de caserne à la troupe que Michelette avait vue passer ; et comme il y a toujours à la porte d'une caserne beaucoup de militaires qui jouent, se promènent ou causent ensemble, la jeune fille espérait qu'elle y verrait peut-être son aimable fifre. L'amour se berce de chimères ; il rapproche les extrêmes, et croit, comme les romanciers, aux rencontres les plus inattendues.

» Voilà donc Michelette qui se pare de son mieux, et qui prend le bras de son père, habillé de son large habit gris des dimanches. Il est cinq heures quand ils partent; il fait grand jour, et Michelette, en passant devant la caserne, a soin de jeter un coup d'œil rapide sur une vingtaine de militaires qui se trouvent en effet réunis. Alexis n'est point là; elle l'aurait aperçu le premier, son cœur le lui eût indiqué; Alexis n'est point là.

» Il faut tourner maintenant autour des murs ébréchés du vieux château pour aller au logis de l'ami qui traite ce soir. C'est un vieil invalide qui a une rente suffisante pour le faire vivre. La petite maison qu'il occupe est à vingt pas d'une énorme tour, au pied de laquelle il y a une guérite et une sentinelle. Michelette, toujours folle dans ses espérances, regarde la sentinelle; et, voyant que ce militaire lui est inconnu, elle rougit d'un examen aussi ridicule.

» On entre chez l'ami. On soupe

gaîment, la soirée se passe; et à l'heure de se retirer, l'amphytrion qui a avec lui sa femme et deux jeunes garçons, ses fils, propose à tout le monde d'aller prendre la petite goutte de ratafia en dehors, devant sa porte, où il fait porter une table et des bancs de bois.

» Pendant que l'on faisait ces préparatifs, la compagnie se promena un moment au pied de la tour, devant la guérite. La lune, dans son plein, permettait de distinguer les objets; elle donnait justement sur la figure du militaire qui était alors en faction.

» Que devint Michelette, quand elle reconnut son cher Alexis?

» Elle s'écrie : Al..... ! et se retient.

» Son père lui demande d'où naît ce cri. C'est, répond-elle, que j'ai manqué de tomber, et j'ai dit *Ahie.*

» Alexis l'a reconnue. Il chante, sur un air grossier, un véritable air de corps-de-garde, et en chargeant, ces paroles qu'il improvise :

Tu me revois tendre et fidelle,
O ma belle !
Dis-moi, m'aimeras-tu toujours,
O mes seules amours !

» Il répète ce refrain plusieurs fois sans regarder qui que ce soit, pour ne pas donner des soupçons. Michelette voudrait bien lui répondre, mais cela lui est impossible. Elle se contente de dire à Michel, de manière à être entendue du factionnaire : Ah ! mon père, je viens de revoir au ciel une étoile que j'avais perdue de vue depuis quelque temps. Cela m'a fait un plaisir !

» Qu'est-ce que tu nous chantes

avec ton étoile ? répond Michel. Est-ce que tu te mêles de lire aux astres, toi ? — Quelquefois, mon père. Il n'y a rien de si beau que le ciel, surtout quand on retrouve ce qu'on regrettait tant d'avoir perdu.

» Michel se mit à rire de ce qu'il appelait les folies de sa fille, et la compagnie se plaça à la table dressée devant la guérite d'Alexis. A peine était-on assis, que le galant factionnaire chanta ce qui suit :

> Posté sous une vieille tour,
> A l'heure où Phœbé nous éclaire,
> Un jeune et loyal militaire
> Fredonnait les doux chants d'amour :
> > Mon bras à ma patrie,
> > Mon cœur à mon amie,
> > Ma vie à tous les deux !
> Voilà mon but, voilà mes vœux.
>
> Soit que le tambour batte aux champs,
> Soit que des phalanges guerrières
> Prennent leurs armes.....

» Alexis ne put terminer ce second couplet. La grosse horloge du château venait de sonner dix heures. Un caporal se présenta soudain pour relever notre jeune homme, et mettre à sa place un autre militaire, au grand regret de Michelette, qui le suivit des yeux aussi loin qu'elle le put. Il semblait à cette jeune personne que son cœur s'échappait de sa poitrine pour accompagner celui qu'il adorait. Quand elle ne le vit plus, ce pauvre cœur l'avertit de sa présence en battant violemment. Il est là, se dit-elle, il est dans ce régiment, dans ce château. Comment le revoir ?....

» La même heure qui venait de séparer les deux amans avertit Michel qu'il était temps de retourner à son logis : il prit congé de ses hôtes, et revint avec sa fille, avec sa fille, muette, silencieuse, ravie autant que désolée d'avoir retrouvé un **amant** qu'elle désespère de revoir encore.

» Le lendemain..... »

Ici le récit d'Emilio fut interrompu par M. le comte de Gerville. Je vous demande pardon, mon jeune ami, dit-il à notre conteur ; mais vous ne vous apercevez pas que votre histoire, malgré tout l'intérêt qu'elle comporte, vient d'endormir M. le baron d'Espardillac. Le voyez-vous les coudes sur la table, sa tête dans ses mains ? Il dort profondément ; c'est qu'il est fatigué d'une malle d'objets précieux qu'il a faite lui-même aujourd'hui ; oui, il a voulu se mêler de ces détails-là. Moi-même, je me reposerais volontiers ; nous avons à voyager demain ; il faut nous lever de bonne heure : vous nous direz la suite de votre conte dans la berline, dans la berline, mon cher.

DIX-SEPTIÈME VEILLÉE.

LA GRATITUDE.

Le lendemain, en effet, on déjeuna à sept heures précises, et à huit on monta en voiture ; savoir : le comte de Gerville, le baron d'Espardillac, le jeune Edouard et notre Emilio, dans une berline des plus commodes et traînée par deux excellens chevaux. Les domestiques et les bagages suivirent par-derrière. Le baron, après avoir demandé à Emilio pardon de son sommeil de la veille qui avait interrompu son récit, le pria de la continuer ; ce que fit Emilio :

Fin du jeune Fifre, ou *les amours d'Alexis et de Michelette.*

« Le lendemain, Michel étant parti de très-grand matin pour la forêt où l'on faisait des coupes de bois considérables, dans le dessein de l'éclaircir et de la purger des brigands qui l'infestaient la nuit, Michelette, partit à son heure accoutumée, munie du panier aux provisions. Quelle fut sa joie quand, à la moitié du chemin, elle vit quelqu'un assis sur le bord de son fossé favori, et que ce quelqu'un était Alexis!

» Au milieu de son allégresse, elle sentit cependant qu'il n'était pas décent qu'elle s'arrêtât avec lui : elle voulut faire un détour ; mais Alexis, courant à elle et lui barrant presque le chemin, s'écria : Eh quoi ! me fuiriez-vous, Michelette ? ô dieu ! après l'espoir que vos paroles mystérieuses m'ont donné hier soir, vous me prouveriez aujourd'hui de la haine, du mépris ! — Je ne vous hais point, Alexis ; eh ce n'est pas à une pauvre fille comme moi à mépriser personne. — Vous me quittez cependant ! vous ne voulez pas m'entendre un moment ! — Qu'avez-vous à me dire, Alexis ? — Oh, bien des choses. D'abord, grâce à vous, il y a un mois, j'ai rejoint mon régiment au moment où l'on allait commencer l'appel. Ce service signalé mérite que je vous en prouve ma reconnaissance : daignez accepter.... — Quoi ! — Cette étoffe qui remplacera le tablier que vous avez déchiré pour moi. — Ce serait joli à moi de recevoir quelque chose pour une chose aussi simple ! Eh puis, pourrais-je porter ce tablier devant mon père, qui me demanderait d'où il me vient ? — Vous l'aurez acheté de vos épargnes. Vous lui direz..... — Je n'ai jamais menti à mon père, monsieur, jamais ...... qu'une fois pourtant, et c'est vous qui en avez été cause. — Vous m'aimez donc, Michelette ? — Je le crains..... Et vous ? — Je vous adore. — Ah ! il ne faut pas, il ne faut pas, en vérité; cela ne nous mènerait à rien. Mon père a promis ma main. — Je l'aurai cette main si chère ! je vais travailler pour la mériter. Promettez-moi, si l'on vous forçait à épouser mon rival, de m'avertir quelques jours d'avance. Vous aurez toutes les semaines de mes nouvelles : un agent fidelle vous remettra mes lettres ici même, à cette heure, et vous pourrez lui confier vos réponses. Vous serez bien étonnée un jour, Michelette, de ce que je vais faire pour vous, que dis-je? pour moi!.... car si mon zèle, si la Providence.... Mais le temps nous apprendra si le pauvre fifre Alexis..... — Soyez heureux, c'est tout ce que je désire.... Mais auriez-vous cette romance que vous commençâtes hier soir? — Cette romance, je l'ai faite pour vous, Michelette; permettez-moi de vous la chanter en entier. — Je me retire après cela d'abord. — Vous en serez la maîtresse.

CHANSON

Du jeune Factionnaire.

Posté sous une vieille tour,
A l'heure où Phœbé nous éclaire,
Un jeune et loyal militaire
Fredonnait les doux chants d'amour:

Mon bras à ma patrie,
Mon cœur à mon amie,
Ma vie à tous les deux !
Voilà mon but, voilà mes vœux.

Soit que le tambour batte aux champs,
Soit que des phalanges guerrières
Prennent leurs armes meurtrières,
Je dis toujours ces mots touchans :
    Mon bras à ma patrie, etc.

J'ai vu le vaste sein des mers ;
J'ai bravé la mort elle-même,
Et, fidèle aux objets que j'aime,
J'ai dit en cent climats divers :
    Mon bras à ma patrie, etc.

Oiseaux, qui chantez tout le jour,
Ruisseaux, par votre doux murmure,
Echos, enfans de la nature,
Redites mes sermens d'amour :
    Mon bras à ma patrie, etc.

Ah, sois témoin de mon bonheur,
Astre des nuits, dont la lumière
Me fait voir, dans cette chaumière,
Celle qui cause mon ardeur !
    Mon bras à ma patrie, etc.

Je suis près d'elle, je la vois ;
Elle entend mes chants d'allégresse !
Pour mieux lui prouver ma tendresse,
Disons, répétons mille fois :
 Mon bras à ma patrie,
 Mon cœur à mon amie,
 Ma vie à tous les deux !
Voilà mon but, voilà mes vœux.

» Cette romance avait attendri Michelette ; elle reçut de nouveau les protestations d'amour de l'aimable fifre, et elle lui ouvrit à son tour un cœur dans lequel il vit qu'il régnait souverainement. Ces amans vertueux s'entretinrent encore quelques momens de leur tendresse ; puis ils se séparèrent en se promettant de se revoir le jour suivant.

» Le jour suivant ne put réaliser leurs vœux ; car la guerre s'étant rallumée plus que jamais entre la France et la Prusse, le régiment d'Alexis reçut l'ordre de se rendre, dès le même soir, sur le champ de bataille. Michelette, qui était alors à la forêt, ne put voir défiler ce beau régiment dans lequel il n'y avait qu'un homme, qu'un seul homme qui pût fixer son attention.

» Michelette fut quelques mois sans entendre parler d'Alexis ; et ce qui la désespérait, c'est qu'elle allait tous les jours à la forêt, sans rencontrer à moitié chemin l'agent dont son amant lui avait parlé, et qui devait lui remettre ses lettres. Elle crut qu'Alexis l'avait oubliée, et elle en versa des larmes ; mais un matin, avant qu'elle fermât sa porte, une espèce de commissionnaire entra, mit sur sa table un coffre, une lettre, et se retira sans rien dire.

» Cette lettre est à l'adresse de Michelette ; elle l'ouvre et lit ces mots :

« *Je n'ai pas oublié ma Miche-*
» *lette, non plus que le refus qu'elle*
» *m'a fait à notre dernière entrevue,*
» *d'accepter un juste dédommage-*
» *ment du service qu'elle m'a rendu.*
» *Je la prie donc de recevoir ce*
» *coffret, et de croire à ma ten-*
» *dresse éternelle.....* Amour, es-
» poir; le ciel fera le reste.

» *Le fifre Alexis.* »

» Michelette, très-émue, ouvre le coffre; elle y trouve une quantité considérable de linge, très-beau et tout préparé à l'usage de femme. Que vais-je faire de tout cela ? se dit-elle ; ô mon Dieu, quelle imprudence ! si mon père le voit, que pensera-t-il ?...

» Il y avait, dans un grenier de l'habitation de Michel, un petit coin qui était condamné avec des planches. Michelette y pratiqua une ouverture qu'elle reboucha ensuite, après y avoir déposé le don qu'on venait de lui faire. Elle relut ensuite la lettre, qu'elle trouva trop courte et pas assez animée du feu d'une véritable passion; car, en amour, on est très-difficile.

» Huit mois se passèrent sans que Michelette reçût des nouvelles de son fifre chéri. Elle commençait à craindre qu'il n'eût péri dans une guerre qui semblait devenir interminable. Un jour qu'elle était seule et occupée dans une seconde pièce; la première, qui donnait sur le carré, retentit d'un bruit violent, comme si quelque meuble venait d'y tomber et de s'y briser. Elle accourt, elle aperçoit une valise qu'on y avait jetée, et les personnes qui venaient de l'apporter semblaient descendre les marches de l'escalier quatre à quatre, comme on dit, pour n'être pas interrogées. Une carte clouée sur la malle porte ces mots : *A Michelette, de la part du fifre Alexis.* Cette malle a une serrure après laquelle est une clef. Michelette, hors d'elle-même, ouvre ce coffre, et la première chose qui frappe sa vue en même temps qu'elle flatte son cœur, est une lettre de la main de son amant; elle l'ouvre, et reste frappée de la brièveté de ce billet :

« *Le fifre Alexis adore toujours*
» *sa Michelette. Il lui envoie quel-*
» *ques bagatelles qu'elle pourra*
» *serrer avec les autres; car si elle*
» *les refuse, elle renonce pour ja-*
» *mais au bonheur. Il finit avec ses*
» *mots accoutumés, et que Miche-*
» *lette ne saurait trop peser:* Amour,
» espoir ; le ciel fera le reste. »

» La malle est pleine d'étoffes précieuses, trop précieuses même pour que Michelette puisse jamais les porter. Et il appelle cela des bagatelles ! Comment un fifre, un simple soldat, a-t-il pu se procurer tant de belles choses ? Michelette est de plus en plus étonnée : que fera-t-elle de cette valise ? elle la mettra dans la cachette avec le premier présent de cet homme étonnant.

» Deux ans s'étaient écoulés depuis la dernière entrevue d'Alexis et de Michelette au fossé, et dans ce trop long intervalle, Michelette avait reçu à des distances très-éloignées les deux présens dont je viens de parler. Un jour elle rencontre, dans ce même fossé qui n'avait pas revu son amant depuis deux mortelles années, un enfant qui demande l'aumône. Michelette lui donne du pain, un peu des mets qu'elle porte dans son panier. L'enfant la remercie, se lève, laisse tomber un paquet, et se sauve à toutes jambes vers un homme à cheval qui paraît l'attendre à cent pas. Le cavalier prend l'enfant en croupe et disparaît au grand galop, pendant que Michelette, très-étonnée, l'appelle pour lui remettre le paquet qu'elle a ramassé : ce paquet fort lourd est décacheté et tout défait ; une lettre en sort ; c'est encore l'écriture d'Alexis. Michelette lit :

« *Au nom du ciel, ô ma chère*
» *Michelette, ne refuse pas les*
» *légers cadeaux que j'ai le bonheur*
» *de te faire ; un jour je t'en in-*
» *diquerai l'emploi. J'apprends une*
» *chose qui me chagrine bien, ma*
» *bonne et tendre amie ; car, quoi-*
» *qu'éloigné de toi, je sais mieux*
» *tes affaires que toi-même. Un*
» *homme d'un rang très-élevé et qui*
» *t'a vue je ne sais où, est devenu*

» amoureux de toi ; il a déjà osé
» demander ta main à ton père, qui
» l'a accueilli avec un étonnement
» que tu te figures, et surtout avec
» une condescendance rare à sous-
» crire à tout ce que ce rival a exigé.
» Tu remarques qu'il ne te presse
» plus d'épouser le fils de son voisin.
» L'orgueil, l'ambition, ont tourné
» la tête à ton père ; il te sacrifiera,
» et tu auras peut-être la faiblesse
» d'oublier ton fidèle ami : cette idée
» me perce le cœur !... Le temps me
» presse, je ne puis t'en écrire davan-
» tage. O Michelette ! que ne puis-je
» avoir l'heureuse certitude que tu
» résisteras aux instances de ce
» grand personnage pour garder
» ton cœur et ta foi au pauvre fifre,

» ALEXIS. »

» Le pauvre fifre Alexis n'est pas

si pauvre qu'il le dit; car le paquet qui accompagne cette lettre contient une montre d'or garnie de perles, des boucles d'oreilles, un collier et des bagues précieuses. Mais Michelette ne se livre point aux réflexions que devrait lui faire naître la richesse de ce cadeau; elle ne pense qu'à la nouvelle que lui apprend son amant. Est-il possible qu'en effet Michel veuille la sacrifier à un homme d'un rang élevé? Et quel est cet homme qui l'a vue, dit-on, qui en est devenu amoureux, et qui a demandé sa main sans s'être auparavant présenté à elle, sans s'être assuré de son consentement? Et son père ne lui a pas encore dit un mot sur ce mystérieux prétendu.... Quel qu'il soit, Michelette le refusera : elle refuserait la main d'un prince, pour la garder avec son cœur à son cher Alexis.

» Elle serra soigneusement ces nouveaux présens dans ses poches, et elle s'achemina tristement vers la forêt, en pensant à l'hymen singulier que son père voulait lui faire contracter. Effectivement, depuis quelques mois, il ne lui parlait plus du tout du fils du voisin; il faisait même un accueil très-froid à ce jeune homme, et il paraissait qu'il lui avait interdit l'accès de sa maison. Oh! Michelette va tâcher de sonder à cet égard les sentimens de Michel.

» Elle arrive auprès de lui : elle est pâle, elle tremble de tout son corps. Qu'as-tu, mon enfant? lui demande tendrement son père. — Je n'ai rien, oh, rien.... Mais, en venant, je faisais une singulière réflexion ; je me disais : Il y a long-temps que nous n'avons vu Maurice; il demeure pourtant à notre porte, et il ne vient plus chez nous comme autrefois; est-ce que vous ne penseriez plus à me marier avec lui? ô mon père, que j'en serais contente ! — Oui ! tu ne l'as donc jamais aimé?—Jamais. — Rassure-toi, en ce cas, car il ne sera point ton mari. — Oh, que je vous embrasse pour cet excès de bonté ! — Eh bien, eh bien, elle m'étouffe.... doucement donc.... Je vois que tu n'aimes pas l'état du mariage: tu resteras fille; tu m'aideras; tu resteras près de moi jusqu'à mes derniers momens. Ouais ! tu tournes la tête, tu boudes... Ce ne sont donc pas là tes intentions? Je ne veux pas te contrarier, et j'ai pour toi un parti tout prêt. — Un parti?..—Oh, tu seras heureuse, très-heureuse ! Il est bien fâcheux qu'on ne me permette pas de te le nommer avant le temps convenu ; mais c'est un seigneur, ma fille, un grand seigneur qui est devenu amoureux de toi, sans que tu le connaisses. Il t'a vue plusieurs fois, à ce qu'il dit : oh, il prétend que tu seras une grande dame, qu'il te présentera à la cour, que je ne travaillerai plus, moi ; que je pourrai mettre tous les jours mon habit des dimanches ; enfin, que je n'aurai plus qu'à me promener, la canne à la main. Vois-tu quel bonheur nous attend tous les deux ! — Mon père.... vous ne pouvez pas, dites-vous, me nommer ce prétendu grand seigneur ? — Non.... il faut attendre un.... un moment, une.... certaine circonstance.... j'ai fait un serment pour ça ; toutes tes instances ne me feront pas y manquer. — Y a-t-il long-temps qu'il vous a demandé ma main ? — Non ; ce n'est que depuis un mois à peu près. — Il est donc venu chez nous ?—Il est venu, ou il n'est pas venu; je ne puis t'en dire davantage. — Est-ce un jeune homme ? — Voilà ce que je ne sais pas ; je ne m'en suis pas informé. — Vous verrez que ce sera quelque vieillard, riche à la bonne heure, mais peu fait pour plaire à une jeune personne. Je vous avertis d'avance, mon père, que je ne veux ni le voir ni l'épouser. — Comment, tu ne veux ! mais voilà un petit air tout décidé auquel je ne m'attendais pas. Songe-tu qu'il y va du bonheur de ton père ! — Vous serez heureux de même, ô mon père ! nous travaillerons de toutes nos forces pour vous éviter de travailler ! Alexis et moi, nous... — Qu'est-ce que tu me dis-là ? quel est cet Alexis ?

» Michelette a parlé trop vîte, sans penser à ce qu'elle disait : elle devient rouge et n'a plus la force de prononcer un mot. Ah, ah! continue Michel, il y a un Alexis sur jeu! je me doutais bien qu'on avait quelque amourette. J'ai pourtant assez fait le guet, et je n'ai rien découvert. Encore une fois, me diras-tu ce que c'est que ton Alexis? — Mon père.... — Après? — C'est..... c'est un jeune homme que... — Oh, je suis sûr que c'est un jeune homme; les jeunes filles fuient toujours les barbons. Eh bien, ce jeune homme que?... — Il est bien aimable, mon père; il est simple fifre dans un régiment. Mais comme il est doux! comme il m'aime! Il vous aimera bien aussi.... Quand son temps sera fini, quand il ne sera plus soldat (il n'a plus qu'un an à servir), nous nous jetterons tous deux à vos genoux, et il faudra bien que vous nous unissiez. — Il faudra bien! Mais je n'en vois pas la nécessité. Quel état aura ce jeune homme ? Quand ça sort des troupes, c'est presque toujours des vagabonds, des mauvais sujets. — Oh, mon père, ne vous faites pas cette idée-là de tous les militaires. Il y en a d'estimables, qui rentrent dans leurs foyers, deviennent de bons époux, d'excellens pères. Alexis n'aura pas d'état, dites-vous ? eh, il prendra le vôtre ; est-il si difficile de couper du bois ? Il est jeune, il est fort, il vous succédera, et vous vous reposerez. Moi, je m'occuperai de mon côté pour ajouter à son gain, et tous deux nous tâcherons de faire le bonheur de votre vieillesse. — Mais où diable as-tu donc vu et connu cet Alexis ?

» Michelette raconte naïvement à Michel toutes les circonstances de ses diverses entrevues avec le jeune fifre. Elle ne lui cache que les cadeaux qu'il lui fait : circonstance inexplicable pour elle-même, qui l'alarme, qui l'intrigue, et qui pourrait de même déplaire à son père. Ainsi, sauf les présens et les lettres qu'elle reçoit de son amant, elle dit tout. Quand elle a terminé son récit, Michel se fâche, s'emporte, jure qu'il ne consentira jamais à cette union de deux jeunes gens qui ne possèdent rien ; et Michelette, à son tour, proteste qu'elle n'épousera jamais ce grand seigneur qui s'est adressé à son père avant de savoir si elle avait le cœur libre. Il s'ensuit des pleurs, des menaces et une nuit terrible pour la pauvre Michelette.

» Elle avait caché ses bijoux d'or avec les autres présens ; et quand elle pensait à la richesse de ces objets, elle se perdait en réflexions qui ne pouvaient lui faire pénétrer ce mystère. Cependant elle songeait qu'à l'armée les soldats se partagent souvent de précieux butins, et Alexis tenait sûrement ces objets de quelques prises importantes.

» Elle n'entendit plus parler d'Alexis pendant six mois, et ce long silence la plongea dans de vives inquiétudes. Michelette ne pouvait lui écrire; elle ignorait où il était, et depuis deux ans et demi qu'elle l'avait quitté, il ne s'était présenté de sa part aucun agent, ainsi qu'il le lui avait promis.

» Un dimanche matin, jour que Michel consacrait au repos, il venait de sortir pour aller fumer sa pipe; au bout de deux heures il rentre; et, de l'air le plus joyeux, il dit à sa fille: Michelette, vîte, habille-toi; mets ton plus beau casaquin, ton bonnet le plus propre; tu vas recevoir une visite à laquelle tu es bien éloignée de t'attendre. — De qui, mon père ? — Ton prétendu est arrivé. — Alexis ? — Bah, il est bien question d'Alexis, ma foi : il n'y faut plus penser, mademoiselle, à ce soldat sans fortune. Ce prétendu, dont je te parle, c'est ce grand seigneur qui m'a fait demander ta main. Il est descendu hier dans la plus belle auberge de notre endroit. Il m'a fait demander ce matin ; j'ai eu l'honneur de causer long-temps avec lui ; c'est un bel homme, va ! c'est un militaire aussi, mais un maréchal-de-camp décoré de la croix de Saint-Louis. Il se nomme M. le comte de Brinville. Quoi ! Dieu permettrait que tu devinsses comtesse ! je serais père d'une comtesse ! Oh, la tête m'en tourne ; en vérité je ne me sens pas de joie.

» Pendant que Michel se livre à

la gaîté la plus extravagante, la pauvre Michelette, frappée d'un coup mortel, est prête à perdre connaissance. Elle veut sortir pour éviter la visite d'un homme qu'elle hait déjà à l'égal de la mort. Michel, prenant un ton sérieux, la retient, la force de rester, en lui objectant que ce serait une grossièreté impardonnable que de ne pas recevoir un comte qui veut bien monter chez un pauvre bûcheron. Michelette verse un torrent de larmes; elle supplie son père de ne pas la sacrifier à un homme qu'elle ne connaît point, qu'elle ne peut aimer....

» On entend les pas de plusieurs personnes qui montent rapidement l'escalier : déjà deux ou trois aides-de-camp du maréchal sont dans la chambre ; il va paraître..... Michelette se jette dans un petit cabinet noir, dont elle ferme la porte sur elle, après en avoir pris la clef. Michel est dans le plus grand embarras ; il ne voudrait pas faire devant du monde une scène à sa fille, et pourtant il désirerait bien qu'elle parût.

» Le maréchal entre : Pardon, monseigneur, lui dit Michel. Ma fille est timide, elle s'est cachée là-dedans, parce que n'ayant pas eu le temps de mettre des vêtemens convenables, elle n'ose paraître devant vous telle qu'elle est. — Ce n'est pas cela, s'écrie Michelette du fond de son cabinet, ce n'est pas cela du tout.... Pardon, monseigneur..... Monseigneur veut m'épouser, à ce qu'on m'a dit, et moi je ne mérite pas tant d'honneur ; j'ai... j'ai résolu de rester fille toute ma vie. — Elle en impose, reprend Michel, sans laisser parler le maréchal ; c'est, comme je l'ai dit ce matin à monseigneur, qu'elle s'est coiffée la cervelle d'un soldat, d'un certain Alexis, fifre de régiment. Ne connaîtriez-vous pas ça, monseigneur ? — Eh bien, oui, réplique Michelette, toujours dans son cabinet ; mon père a dit vrai, monseigneur. J'aime, j'aimerai toujours Alexis, et je refuserais d'être reine demain pour lui conserver à jamais mon cœur et ma foi. — Michelette, dit à son tour le maréchal, oh, paraissez, venez me répéter... — Quelle voix ! s'écrie Michelette.

« Elle ouvre sa porte, sort, recule deux pas en voyant le maréchal tout brillant d'or et de broderies... Mais bientôt elle a reconnu en lui son Alexis, et tous deux sont dans les bras l'un de l'autre, au grand étonnement de Michel, qui ne comprend rien

rien au retour de sa fille ni à l'excès de sa familiarité.

» C'était en effet Alexis qui, de simple fifre, était parvenu, petit à petit, par des actes de courage les plus extraordinaires, au grade éminent de maréchal-de-camp, qui lui avait valu une terre et le titre de comte. Il raconta à Michelette les détails de son élévation, qu'il serait trop long de placer ici. Je n'étais déjà plus fifre, ajouta-t-il, lorsque je te chantai ma romance dans la guérite du vieux château. J'étais capitaine, commandant du poste; mais je te vis passer, et je pris soudain la place d'un de mes factionnaires pour te voir plus long-temps. Michelette, je n'ai pas oublié que je te dois la vie, l'honneur, qui lui est bien préférable.... Je suis riche, titré, mais mon cœur n'a pas changé; il est toujours pour toi celui du fifre Alexis. J'ai écrit à ton père sous mon nouveau nom, pour lui demander ta main ; c'est à tes genoux maintenant que je t'adresse la même prière, qui doit décider du bonheur de ma vie. — Et de la mienne, répondit Michelette en lui donnant sa main ; mais, méchant, pourquoi m'as-tu donc caché les heureux événemens qui t'arrivaient ? — Je voulais être aimé pour moi, ma chère Michelette; je viens d'en avoir la preuve la plus sûre et la plus convaincante, puisque tu me refusais pour te garder à moi-même.

» La simple Michelette devint bientôt, comme on le devine, comtesse de Brinville. Son mari l'emmena dans ses terres, ainsi que le bon Michel, qui eut, ainsi qu'il s'en faisait une fête, la liberté *de mettre tous les jours son habit des dimanches.* »

DIX-HUITIÈME VEILLÉE.

LA CALOMNIE.

Le conte du *jeune fifre* avait dissipé l'ennui du voyage. On arriva gaiement à Gerville, très-jolie terre, aux limites de laquelle nos voyageurs furent reçus par madame la marquise d'Arcour, jeune veuve fort jolie et nièce du baron d'Espardillac. Madame d'Arcour était depuis huit jours au château qu'elle avait fait préparer, et elle était venue en se promenant, au bout de l'avenue, au-devant de la voiture du comte, qui en descendit ainsi que sa société. Quand la belle veuve eut permis à ses parens de l'embrasser, elle s'arrêta devant Emilio qui la saluait, et dit en souriant à son oncle : Quel est ce grand et beau jeune homme-là ? — Ma nièce, répondit le baron ; c'est le gouverneur ou plutôt l'ami d'Edouard. — L'ami de mon cousin ? J'en suis enchantée, il a une figure !.... Il est charmant.

La marquise parcourut des yeux toute la personne d'Emilio avec une espèce de curiosité indiscrète qui fit rougir notre jeune homme ; puis elle lui prit le bras sans façon, en disant à la société : Je veux qu'il soit mon chevalier aujourd'hui. Demain, après-demain, je serai tout-à-fait à vous.

En revenant au château, elle lui fit mille questions sur son nom, son état, sa fortune, etc. Emilio satisfit à toutes ces demandes, et il lui sembla que, dès le premier abord, cette jeune dame prenait à lui un intérêt bien exagéré. Elle le combla, toute la journée, de déférences qui échappèrent à la clairvoyance des deux vieillards, mais qui furent remarquées d'Edouard ; ce qui lui donna un peu de jalousie contre Emilio. Il lui battit froid le soir ; mais le lendemain Edouard, qui avait un très-bon cœur, ne pensa qu'à procurer à son ami tous les agrémens dont cette campagne était susceptible. Ainsi, à compter de ce jour, on régla les heures du travail et celles de la dissipation. Emilio, Edouard, devenus inséparables, montaient à cheval de grand matin pour aller se promener. Ils revenaient au château à l'heure du déjeuner; ils s'enfermaient ensuite pour travailler sur l'histoire, sur les sciences qu'Emilio avait beaucoup étudiées, grâce aux soins de M. Dulandy; puis, après le dîner, tous les habitans du château passaient la soirée ensemble à la promenade, ou à faire de la musique quand le temps était mauvais.

La marquise d'Arcour, ce qui donnait toujours un peu d'humeur au jeune Edouard, la marquise d'Arcour prenait sans cesse le bras d'Emilio ; elle était pour lui aux petits soins, et notre jeune homme s'aperçut bientôt qu'il entrait plus que de l'honnêteté dans les préférences marquées que lui accordait la belle veuve. Il s'en effraya, et sentit très-bien que d'après l'énorme distance qui le séparait de cette femme de condition, il ne pouvait jamais espérer de l'épouser. Emilio avait trop de délicatesse pour consentir à toute autre union. Que devint-il quand cette dame la lui proposa un jour, désolée, ajouta-t-elle, de ce qu'il ne l'avait jamais comprise. Emilio refusa avec dignité ses dons, toutes ses propositions, et dès lors il s'en fit une mortelle ennemie.

Il n'y avait que deux mois qu'Emilio était au château, et les vues criminelles que la marquise avait jetées sur lui, faisaient déjà perdre toute retenue à cette femme aussi hardie qu'immorale.

Allons, se dit Emilio, il est écrit que je ne pourrai rester tranquille nulle part, et que le sort me suscitera partout des contrariétés. Il faut que je parte ; il faut que je quitte ce château, où M. le comte de Gerville me traitait avec tant de bonté, où l'amitié devait seule me fixer : cette femme dangereuse ne pourra sans doute plus soutenir mes regards ; je rougirais trop si elle portait de nouveau les siens sur moi ; il faut que je parte.

C'était un matin qu'il faisait ces tristes réflexions. Le jeune Edouard entra chez lui, et pour le distraire d'une mélancolie dont il ignorait le sujet, il le força presque à venir à pied, se promener avec lui, dans un petit bois qui était à une lieue du château. Emilio y consentit à regret ; mais enfin il accompagna son ami.

Je suis bien étonné, lui dit Edouard en route, si je n'ai pas deviné la cause de votre chagrin, mon ami. — La cause de..... mais je n'ai point de chagrin, monsieur le marquis. — Oh si ! vous en avez un, un très-vif, et qui ne m'a pas échappé : vous aimez ma cousine. — Moi, grand Dieu !.... — Voilà un grand Dieu qui n'est guère galant. — Vous m'entendez mal ; je veux dire que je me

connais assez pour ne pas avoir l'audace de porter mes vœux jusqu'à.....
— Cela est pourtant. Ecoutez, je suis franc : vous voyez en moi votre rival. Oui, j'aime, j'adore la marquise d'Arcour, et je vous avoue que je vous en ai souvent bien voulu des égards très-suspects qu'elle avait pour vous ; mais, depuis avant-hier, elle vous boude ; j'ai encore remarqué cela, et voilà le sujet de votre mélancolie. — Oh, combien vous vous trompez, cher Edouard ! Si vous pouviez lire dans mon cœur ! J'ignore.... comment.... j'ai pu mériter la froideur que madame la marquise me témoigne en effet depuis deux jours ; mais, quant à moi, sans la haïr, sentiment que vous ne pouvez pas me supposer, je vous jure que je n'ai pas du tout d'amour pour elle. Ainsi, Edouard, aimez, soupirez, brûlez

en liberté ; je ne suis nullement jaloux de vous. — J'ai tort, Émilio, j'ai tort de l'aimer avec une véritable passion ; car je connais bien son caractère ; je sais qu'elle est coquette, dérangée même : une femme de chambre qu'elle a renvoyée m'a conté sur son compte des choses, oh, des choses !....

Emilio, qui veut qu'Edouard conserve pour sa cousine une estime dont au fond elle n'est pas digne, se hâte d'interrompre son jeune ami : Gardez-vous, Edouard, lui dit-il, gardez-vous bien d'écouter les rapports de ces subalternes, qui calomnient leurs maîtres dès qu'ils ne sont plus à leur service. Ecouter les propos des laquais dans cette occasion, c'est s'avilir, c'est se dégrader, c'est se mettre à leur niveau. La calomnie est le plus vil comme le plus dangereux de tous les fléaux. Ecoutez une histoire que mon père nous raconta autrefois dans une de ses veillées ; si elle a l'avantage de vous intéresser, elle pourra me distraire, non de l'amour que vous me supposiez gratuitement pour votre cousine, mais de quelques réflexions particulières sur un autre objet, et qui m'accablaient ce matin.

NELSON,

ou *les Epreuves indiscrètes.*

« On ne parlait dans tout Londres que de Nelson, jeune baronet doué de la plus aimable figure, des grâces, de la taille et du charme de l'esprit. Nelson, privé dès sa tendre enfance de ses père et mère, en avait reçu un héritage considérable ; ce qui lui donnait encore de l'importance dans le monde. Nelson, élevé par un vieil oncle aveugle qui l'avait gâté et qui n'existait plus, s'était livré à toutes les dissipations de la jeunesse, et l'on pense bien que l'Amour et les Grâces l'avaient comblé de faveurs. Il avait juré de ne jamais se marier, parce que s'étant fait un faux systême sur les dames, dont en effet aucune ne lui avait résisté, il craignait qu'on ne lui rendît les tours qu'il avait joués aux maris, et ne trouvait, dans la société, aucune jeune personne digne de sa main. L'Hymen, courroucé sans doute contre ce déserteur de ses drapeaux, s'entendit pourtant un jour avec l'Amour pour ramener ce fuyard.

» Ce fut à la campagne, chez une tante d'un de ses amis nommé Wilforce, que Nelson vit Emma, et en devint subitement amoureux. Emma, mariée à dix-huit ans, était devenue, à vingt-deux, veuve d'un jeune militaire tué à l'armée. Elle était libre de ses volontés ; mais depuis la mort de son mari, elle vivait chez sa mère, femme d'âge, respectable, et qu'elle consultait avec respect et soumission sur toutes les actions de sa vie. Emma, de son côté, ne put voir l'intéressant Nelson, dont la réputation de galanterie était parvenue jusqu'à elle, sans en devenir éperdûment éprise; et ce jeune couple ne tarda pas à se confier ce doux secret du cœur, qui vous met tant à votre aise quand vous l'avez déposé dans le sein d'un ami. Nelson demanda soudain à la mère d'Emma la main de cette charmante veuve, et n'eut pas de peine à l'obtenir. Le jour de l'hymen fut donc fixé de suite.

» Sur ces entrefaites, Wilforce, l'ami de Nelson, qui paraissait voir ce mariage de très-mauvais œil, partit pour un long voyage qui l'appelait dans les îles. Nelson fut fâché de cette séparation, mais il n'en continua pas moins les préparatifs de son union, qui devait se faire chez la mère d'Emma, à la campagne, à trois milles de Londres. Mais ces préparatifs furent longs ; car Nelson voulait donner de l'éclat à cette fête, à laquelle il invitait toutes ses connaissances. Le jour de l'hymenée arriva enfin. La jeune veuve fut conduite, pour la seconde fois, à l'autel, et devint l'épouse du trop heureux Nelson. La journée se passa en fêtes de tout genre, et le soir il y eut un bal, auquel les jeunes époux, accablés de fatigue, n'assistèrent pas. Le lendemain matin, à peine Nelson était-il passé seul dans son cabinet, qu'un domestique inconnu vint lui remettre un paquet cacheté, et disparut sans attendre de réponse. Nelson fait sauter le cachet, et trouve d'abord une lettre de son ami Wilforce, dont il reconnaît l'écriture. Il lit.

« *Mon ami, depuis long-temps*
» *je me reproche un tort très-grave*
» *que j'ai envers toi et que je vais*
» *réparer. J'aurais peut-être dû par-*
» *ler plutôt; mais s'il en est temps*
» *encore, renonce pour jamais au*
» *projet que tu as formé d'épouser*
» *Emma; tu serais le plus malheu-*
» *reux des hommes. Apprends qu'elle*
» *et moi nous sommes unis par les*
» *liens de l'amour seulement, et*
» *qu'elle porte depuis deux mois,*
» *dans son sein.... L'infidelle !.....*
» *J'aurais dû me douter de sa perfidie,*
» *l'ayant prise moi-même engagée*
» *avec un autre amant. J'ai cru à ses*
» *sermens, à sa promesse de tenir*
» *une meilleure conduite.... Elle me*
» *trompe aujourd'hui.... Il ne sera*

» pas dit que mon ami le plus cher
» tombera dans les piéges de cette
» coquette. Fuis ses dangereuses
» amours; elle ne fut et ne sera ja-
» mais digne d'un cœur tel que le
» tien.

» *Si tu avais le moindre doute sur*
» *sa coupable liaison avec moi*, les
» preuves que je joins à ce billet t'en
» convaincront facilement : ce sont
» les lettres qu'elle m'a écrites ; c'est
» son portrait qu'elle m'a donné, et
» que je rougirais de garder mainte-
» nant. Adieu, je souhaite que tu
» aies encore ta liberté quand tu re-
» cevras cet envoi.

» *Ton ami* Wilforce. »

» Que devient Nelson à cette fatale découverte ! La foudre l'a frappé.... il reste quelque temps sans sentiment, sans savoir s'il existe. Il retrouve enfin le don funeste de la réflexion, et il s'écrie : Grand Dieu ! il n'est plus temps !...

» Il entend les pas de quelqu'un qui s'avance, et redoutant de voir la criminelle épouse qui l'a trompé, il prend à la hâte ses papiers et se sauve dans le parc. Là, il cherche l'endroit le plus sombre, le plus impénétrable aux regards ; puis se couchant sur la terre, il frappe l'air de ses gémissemens. Redevenu un peu plus calme, il parcourt les lettres d'Emma, et n'y trouve que trop de preuves de son immoralité.

» Il se lève.... Jamais, s'écrie-t-il, sans penser qu'il pût être entendu, jamais je ne la reverrai, cette femme fausse et coquette ! O femmes ! femmes !..... je devais vous connaître, vous trop connaître !... et je suis devenu votre jouet, votre dupe ! moi !

Nelson !... Quelle honte !... C'en est fait; je fuis la contrée, je voyage. Je veux chercher partout, voir si je trouverai quelque part une seule femme fidèle à ses devoirs ; je voyagerai jusqu'à ce que j'aie rencontré ce phénix. Alors je me fixe auprès de cette femme, l'honneur de son sexe; je deviens son bienfaiteur, celui de son époux, de ses enfans, et je leur assure à tous la moitié de ma fortune. Oui, sexe ingrat et perfide, je vais te tendre tous les piéges qui seront en mon pouvoir ; et pour punir une seule femme, j'envelopperai toutes les autres dans ma vengeance. Partons.

» Nelson met le paquet de lettres dans sa poche, remonte chez lui, s'habille; puis, sortant par une porte dérobée, il monte à cheval, sort et vole comme le vent sans avoir revu Emma ni qui que ce soit.

Il revient à Londres, écrit à Emma une lettre pleine de reproches, dans laquelle il lui fait part de ce qu'il a appris sur son compte, et du projet qu'il a formé de la fuir pour jamais. Il envoie cette lettre par un jokei; il met ensuite de l'ordre dans ses affaires, et, vers le soir, il part dans le dessein de faire, et le voyage qu'il a médité, et les épreuves qui en sont le but.

Au bout de deux heures, il entre dans une auberge, y passe la nuit, et se remet en route le lendemain matin.

Arrivé à l'entrée d'une petite ville, il remarque sur la promenade une jeune femme d'une figure céleste, qui lit en marchant lentement, et qui tient par la main un petit enfant de trois ans au plus, son fils apparemment. La candeur, la douceur, la modestie embellissaient les traits de cette charmante personne, et Nelson, en la regardant, se dit intérieurement: Est-il possible que des traits, où se peint la vertu, cachent si souvent un cœur faux et corrompu ! c'est ce qui se voit pourtant tous les jours. Voilà une jeune femme, épouse et mère, qui n'est vertueuse peut-être que parce qu'il lui a manqué l'occasion de faillir. Tentons sur elle ma première épreuve.

» Nelson était à cheval ; il en descend, attache sa bête à un arbre, et s'asseoit comme pour se reposer. La promenade de cette ville n'offre qu'une petite avenue d'arbres, dont on a bientôt découvert les deux bouts. Nelson voit la dame aller, revenir, repasser, toujours occupée de sa lecture, et sans faire attention à lui. Bon, se dit-il encore ; elle lit des romans, elle est à moitié prise. La dame, au bout d'une heure, disparaît dans une rue : Nelson monte à cheval, et la suit de loin à petits pas. Elle frappe à une porte cochère qu'on lui ouvre. Nelson s'arrête devant cette porte, et voit en haut un écriteau qui offre ces mots : *Petit appartement de garçon, meublé, à louer sur-le-champ, avec écurie et remise.*

Voilà une circonstance bien favorable pour lui. Il se fait introduire chez la dame, qu'il trouve avec un jeune homme, son mari sans doute ; car il caresse le petit garçon en l'appelant son fils.

Voir l'appartement de garçon, le louer, en payer un mois d'avance, tout cela est l'affaire d'une minute pour Nelson, dont le but est de se rapprocher de la jeune dame. En effet, il est si doux, si poli, ses manières sont si engageantes, qu'il ne tarde pas à devenir l'inséparable de M. et de madame Friding ; c'est le nom de ses propriétaires.

»Quinze jours après son entrée dans la maison, il croit remarquer que madame Friding, qui jusque-là lui avait paru on ne peut pas plus estimable, lui lance, à la dérobée, quelques regards passionnés. Si elle lui donne le bras pour se promener dans le jardin, qui est très-spacieux, elle serre le bras du jeune homme contre son cœur; elle soupire, elle n'est plus enfin dans son état naturel. Elle l'invite tous les jours à dîner, le place à côté d'elle et lui fait de véritables agaceries : ne l'ai je pas deviné? se dit Nelson; il n'a manqué à cette femme qu'une occasion. La voilà; ne la laissons pas échapper.

» Il devient à son tour tendre, pressant, et, pour abréger des détails superflus, il ne lui manque plus qu'un moment d'entretien pour être heureux. Un soir, qu'il remontait chez lui, il trouva sur une table un billet cacheté, accompagné d'un autre billet tout ouvert et où il lit ces mots :

« *Nelson, on exige de vous que vous ne décachetiez le billet ci-inclus qu'après demain matin. Vous-même approuverez les raisons qui forcent à vous faire cette prière; elle vous est adressée par une de vos meilleures amies.* »

» D'où lui vient cet avis ? De madame Friding apparemment; mais il n'est point de son écriture, que Nelson connaît parfaitement : c'est cependant une écriture de femme, et qu'il se rappelle confusément avoir déjà vue quelque part. Quoi qu'il en soit de cette aventure romanesque, Nelson réprimera-t-il sa curiosité? attendra-t-il jusqu'au surlendemain, ainsi qu'on le lui prescrit, pour décacheter ce billet mystérieux? Il a de la bizarrerie dans l'esprit, Nelson, de l'originalité dans le caractère; il aime les aventures; il suivra celle-ci et sera discret.

» Il enferme donc le billet tout cacheté, et descend chez madame Friding, qu'il trouve seule : Vous m'avez écrit? lui demande-t-il. — Moi, non ; pourquoi cette question? — Ah, c'est que..... certain papier..... je vous conterai cela une autre fois.

» Nelson profite de ce qu'il est en tête à tête avec madame Friding pour lui déclarer la passion qu'il ressent pour elle. On l'écoute avec froideur, mais sans colère. Bientôt on s'attendrit, on parle de devoirs, de vertu. Nelson ose demander, pour le soir même, un rendez-vous, à minuit, dans le jardin. On a l'air de se fâcher d'abord; mais on entend les pas du mari, et madame Friding s'empresse de dire tout bas au jeune homme : ce soir, à minuit, sous l'arbre le plus élevé du quinconce.

» Je la tiens ! se dit Nelson en se retirant à la hâte.

» Nelson n'a point en effet l'intention de faire commettre à cette femme une faute contre le devoir conjugal : il ne veut que l'amener au point de se rendre ; et alors, sans profiter de sa défaite, il lui avouera que c'est une épreuve qu'il a faite, et la quittera ensuite, en la traitant avec le dernier mépris. C'est ainsi qu'il veut se venger désormais sur les femmes qu'il trouvera trop faciles à céder.

» On juge avec quelle impatience il attend cette fortunée soirée, qui va lui donner une preuve de plus de la perfidie du sexe. Elle se passe, et minuit sonne enfin.

» Nelson descend au jardin ; il a bien de la peine à distinguer l'arbre le plus élevé du quinconce ; car l'obscurité est des plus profondes. A la fin il croit découvrir cet arbre, et, dessous, il voit en effet une femme mise en blanc, et qui paraît être dans le négligé le plus élégant. Il s'approche, et dit à demi-voix : Est-ce vous, belle Friding ?

» On lui répond oui, et l'on soupire.

» Ah ! ne redoutez rien, continue Nelson, d'un cœur qui vous adore ! votre mari est sans doute endormi ?

» Un second *oui* et un second soupir enflamment Nelson, qui ose prendre une main..... Mais elle est glacée, cette main, et semble moins potelée que celle de madame Friding. Il n'importe : Nelson entraîne son amante sur un banc de gazon.....
Quelle est sa surprise ! la personne

qui semble lui céder avec tant de facilité, tourne la lumière d'une lanterne sourde, et Nelson aperçoit la vieille la plus décrépite, la plus décharnée, habillée des robes de madame Friding : Qu'est-ce ci ? s'écrie-t-il. — Continuez, beau jouvenceau, lui répond la vieille avec une voix rauque ; ne vous arrêtez pas en si beau chemin : si ce n'est pas madame, c'est sa nourrice qu'elle a déguisée ainsi, et qui la valait bien dans son jeune temps.... Eh bien, vous vous taisez ! Ah, ah ! monsieur a cru rencontrer dans madame une de ces coquettes qui écoutent les galans et déshonorent leurs maris ! Monsieur s'est trompé. Il me permettra de le reconduire chez lui et de lui souhaiter le bon soir. — Je suis joué, dit Nelson, qui se hâte de regagner son logement. La vieille le suit, lui donne de la lumière, et le quitte en lui disant : A présent, monsieur peut lire le billet cacheté.

» Elle disparaît, et le laisse anéanti. Il décachète enfin ce billet, et lit :

« *Ma femme m'a mis au fait du* » *tour qu'elle veut vous jouer. Elle* » *et moi nous aimons à nous amuser* » *aux dépens de jeunes présomp-* » *tueux qui refusent aux femmes* » *toutes les qualités du cœur, et* » *qui, au besoin, vous soutien-* » *draient que leur propre mère n'é-* » *tait pas plus vertueuse que les* » *autres..... La nourrice a-t-elle* » *bien joué son rôle?.... J'espère* » *qu'après ce scandale, il n'y aura* » *plus rien de commun, monsieur,* » *entre nous et vous.*

« James F*riding.* »

» Pour ajouter à la confusion de notre jeune homme, il entend distinctement ces mots à travers sa porte: *Première leçon, Nelson!* et ce qui est singulier, c'est que cette voix de femme, qui n'est point celle de madame Friding, ni de personne de la maison, n'est point du tout étrangère à son oreille. Que veut-on dire, *première leçon*! Se propose-t-on de lui en donner d'autres? qui? quelle est la personne assez audacieuse?....

» Tout en faisant ces réflexions, il ouvre sa porte, parcourt l'escalier et ne voit rien. Il descend même jusque dans la cour, cherche les plus petits coins, et ne trouve aucun être vivant. Il remonte chez lui, et remarque avec le plus grand étonnement qu'on vient d'écrire au crayon, au bas du billet de Friding, qu'il avait laissé ouvert: *Tu n'es pas au bout, Nelson! On te suivra partout; ose continuer tes épreuves!*

» On est donc entré chez lui? mais où s'était-on caché? il n'a vu personne!

» Nelson ne se couche point ; il fait son petit bagage ; et pensant bien qu'il n'aurait qu'à rougir aux yeux du couple qui l'a mystifié, il monte à cheval avant le point du jour, et quitte pour jamais cette maison.

» Il voyage toute la journée, au petit trot, pour ne point fatiguer sa bête ; et, sur le soir, le charme d'une harpe, dont une dame joue parfaitement, le fixe sous les fenêtres d'une maison de campagne d'une très-belle apparence. Il s'arrête, il écoute. La dame chante, s'accompagne, et, pendant que Nelson lui prête toute son attention, un petit jokei sort d'une cour, et lui remet furtivement une lettre, en lui disant : *Prenez, c'est pour vous.*

» Le jokei rentre, et Nelson, stupéfait de cette aventure, reste bien plus étonné encore quand un cavalier, qui court au grand galop, passe près de lui, et lui crie : *Nelson, prends garde à toi !*

» C'est une voix de femme, la même voix qui, la nuit d'avant, lui a dit *première leçon.* Il ne sait s'il doit suivre ce cavalier, ou décacheter la lettre qu'on vient de lui remettre..... Un nouvel incident..... »

C'est le sort de notre Emilio d'être toujours interrompu : il ne put continuer son récit, car l'intendant et trois domestiques du comte de Gerville s'approchèrent de lui, conduisant une voiture vide. Monsieur Emilio, lui dit l'intendant, c'est avec bien du regret que je suis forcé de vous dire que M. le comte vous prie de ne plus remettre les pieds chez lui. — Comment ! dit Emilio, est-ce à moi que vous parlez ? — A vous-même. Voici une voiture et un cocher qui a l'ordre de vous conduire où vous voudrez. J'ai réuni vos petits effets, ils sont dans la voiture. — Mais vous vous trompez, Eustache, il n'est pas possible que M. le comte.... — Monsieur le comte, monsieur le baron, madame la marquise sont furieux contre vous ; ils sont capables de vous faire un mauvais parti, si vous rentrez au château ; ils ne veulent plus vous voir absolument. — Mais qu'ai-je fait ? — Ils ne me l'ont pas dit. — Il y a là-dessous un mal-entendu que je veux expliquer. — Vous ne retournerez pas, M. Emilio, et si vous nous résistez, nous avons ordre d'employer la violence. — La violence ?... Edouard, qu'est-ce que cela signifie ?

Edouard, qui était plongé dans ses réflexions, lui répondit doucement : Mon bon, mon cher Emilio, je me doute de ce que c'est ; quelques mots que j'ai entendu prononcer hier...... Je ne l'affirmerais pas cependant. Cédez à l'ordre qui vous est donné :

je connais mes parens, ils sont irascibles, vindicatifs; mais quand le premier moment de leur colère est passé, on peut les faire revenir. — Encore une fois, Edouard, quel crime ai-je commis? comment ai-je pu tout-à-coup perdre l'affection qu'ils me témoignaient? — On vous aura calomnié, Emilio. J'ai quelque idée que.... Mais je ne puis rien vous dire encore. Partez, et laissez-moi le soin de votre justification. — Je ne m'en irai certainement pas comme cela, sans avoir une explication. Il est injurieux.... — Me croyez-vous votre ami, mon cher Emilio? suivez le conseil que je vous donne : laissez passer cet orage, je me charge de le conjurer. Où peut-on vous conduire? — Je n'ai qu'un seul ami, c'est M. Desbois, dont voici l'adresse par écrit.

Emilio remet un papier à Edouard et continue : Cependant souffrir qu'on me chasse, pour ainsi dire, sans qu'on me permette de me justifier ! Je veux absolument voir M. le comte.

Emilio persistait avec raison dans son désir de s'expliquer ; mais Edouard, qui paraissait connaître la cause de sa disgrace, parvint, à force de conseils prudens, à le faire monter dans la voiture, et promit de l'aller voir, au plus tard, sous deux jours, chez M. Desbois. Les deux amis s'embrassèrent, les larmes aux yeux ; l'un retourna chez son oncle, et l'autre, notre Emilio, se fit conduire à l'asile qu'habitait son ami Desbois, le plus sûr, celui-là, le plus solide de ses amis.

Fin du second Volume.

TABLE DES MATIERES

contenues dans ce Volume.

Xe. Veillée. *La Duplicité*, Pag. 1
Suite de l'histoire du père Sylvani, ou *le Moine noir*, ibid.
XIe. Veillée. *La Modestie*, 25
L'Ecolier reconnaissant, 38
XIIe. Veillée. *L'Oubli des grandeurs*, 49
Fin de l'Ecolier reconnaissant, ibid.
XIIIe. Veillée. *L'Activité*, 80
Le mauvais Naturel, 86
XIVe. Veillée. *L'Excès de confiance*, 100
Jones Ploom, ou *le Marchand de Londres*, 107

XVe. Veillée. *La Justice divine*, 125

Fin du père Sylvani, ou *le Moine noir*, 129

XVIe. Veillée. *La Bonté*, 162

Le jeune Fifre, ou *les amours d'Alexis et de Michelette*, 165

XVIIe. Veillée. *La Gratitude*, 190

Fin du jeune Fifre, ou *les amours d'Alexis et de Michelette*, 191

XVIIIe. Veillée. *La Calomnie*, 219

Nelson, ou *les Epreuves indiscrètes*, 227

Fin de la Table du second Volume.

De l'Imprimerie de J.-B. Imbert, rue de la Vieille-Monnaie, n°. 12.

www.ingramcontent.com/pod-product-compliance
Lightning Source LLC
Chambersburg PA
CBHW070632170426
43200CB00010B/1990